Original-Prüfungsaufgaben
mit Lösungen

2016

HAUPTSCHULABSCHLUSS

Mathematik 9. Klasse

Niedersachsen

2011–2015

D1697883

STARK

Inhalt

Vorwort
Hinweise zur Prüfung

Original-Prüfungsaufgaben mit Lösungen

Kurs A entspricht E-Kurs, Kurs B entspricht G-Kurs

Fortsetzung nächste Seite

Abschlussprüfung 2014

Abschlussprüfung 2015

Jeweils zu Beginn des neuen Schuljahres erscheint der aktuelle
Band „Abschluss-Prüfungsaufgaben mit Lösungen".

Autorin der Lösungen:
Kerstin Oppermann

Vorwort

Liebe Schülerin, lieber Schüler,

das vorliegende Buch hilft dir, dich selbstständig und effektiv auf die **zentrale Abschlussprüfung** nach der **9. Klasse an Hauptschulen** im Fach **Mathematik** vorzubereiten. In diesem Buch findest du die offiziellen, vom **niedersächsischen Kultusministerium** gestellten **Original-Prüfungsaufgaben** der Jahre 2011–2015, anhand derer du deine Fähigkeiten ganz gezielt auf Prüfungsniveau trainieren kannst.

Der Band beginnt mit nützlichen **Hinweisen zur Prüfung**, die dich über die Besonderheiten aufklären. Außerdem findest du hier auch hilfreiche **Tipps**, wie du dich am besten auf die Prüfung vorbereiten kannst. Sollten nach Erscheinen dieses Bandes noch **wichtige Änderungen** für die Abschlussprüfung 2016 vom Kultusministerium bekannt gegeben werden, erhältst du **aktuelle Informationen** dazu im **Internet** unter: www.stark-verlag.de/pruefung-aktuell

Zu allen Aufgaben gibt es ausführliche **Lösungen** von unserer Autorin. Versuche trotzdem, jede Aufgabe selbstständig zu lösen. Solltest du jedoch allein nicht weiterkommen, kann ein Blick in die Lösungen hilfreich sein, da dort wichtige **Hinweise** zur Bearbeitung der Aufgabe gegeben werden. Sie verraten dir, wie du am besten vorgehst und worauf du beim Lösen der jeweiligen Aufgabe besonders achten musst.

Wenn du merkst, dass deine Wissenslücken größer sind, und du darüber hinaus üben möchtest, empfehlen wir dir unseren Band „**Training Abschlussprüfung**" (Titelnummer 33500). Dieser Band enthält einen **ausführlichen Trainingsteil** zum gesamten Prüfungsstoff sowie **zahlreiche Übungsaufgaben** zur langfristigen Vorbereitung auf die Abschlussprüfung an Hauptschulen in Niedersachsen.

Verlag und Autorin dieses Buches wünschen dir viel Erfolg bei der Prüfung!

Hinweise zur Prüfung

Die Abschlussprüfung in Mathematik am Ende der 9. Jahrgangsstufe besteht aus einem **Allgemeinen Teil**, einem **Hauptteil mit Pflichtaufgaben** und den **Wahlaufgaben**. Der Allgemeine Teil ist für beide Kurse (E-Kurs und G-Kurs) gleich. Der Pflichtteil und die Wahlaufgaben sind jedoch je nach Kursniveau verschieden. Prüfungsaufbau und -ablauf sehen folgendermaßen aus:

Allgemeiner Teil

In diesem Teil werden deine Grundvorstellungen und Grundfertigkeiten in den verschiedenen Themenbereichen geprüft. Da es sich um einfachere Rechnungen handelt, darfst du hier **keine Hilfsmittel** (Taschenrechner, Formelsammlung) verwenden. Zur Bearbeitung des ersten Teils stehen dir maximal **40 Minuten** zur Verfügung.

Pflichtteil und Wahlaufgaben

Nach der Abgabe des Allgemeinen Teils bekommst du vier **Wahlaufgaben** vorgelegt, aus denen du **zwei** verbindlich auswählen musst. Für die Auswahl hast du **15 Minuten** Zeit. Die beiden nicht gewählten Wahlaufgaben musst du wieder abgeben.

Erst jetzt darfst du mit der Bearbeitung des **verbindlichen Pflichtteils** und der **beiden gewählten Wahlaufgaben** beginnen. Hierfür bekommst du noch einmal **80 Minuten** Zeit. Zum Lösen dieser Aufgaben sind ein nicht programmierbarer **Taschenrechner** und eine **Formelsammlung** erlaubt.

Die Pflicht- und Wahlaufgaben sind im Vergleich zum Allgemeinen Teil anspruchsvoller. Du musst hier oft länger nachdenken. Aber lass dich nicht entmutigen, auch wenn eine Aufgabe anfangs schwer erscheint. Bleib ruhig und überlege, dann wirst du Zusammenhänge erkennen und auch knifflige Aufgaben lösen können.

Vorbereitung auf die Prüfung

Besonders gut kannst du dich auf die Abschlussprüfung vorbereiten, indem du wie folgt vorgehst:

- Übe unter echten **Prüfungsbedingungen** und löse die Aufgaben nur mit den zugelassenen **Hilfsmitteln.**
- Versuche auch, die Prüfungen in der dafür **vorgegebenen Zeit** zu schaffen. Wenn du die Aufgaben zunächst nicht in dieser Zeit lösen kannst, solltest du die Prüfungsaufgaben in regelmäßigen Abständen wiederholen, bis du beim Rechnen sicherer und schneller wirst.
- Versuche stets, alle Aufgaben **selbstständig** zu lösen. Nur wenn du dich selbst anstrengst, bleibt der Stoff auch im Gedächtnis und du lernst dazu!
- Gehe optimistisch in die Prüfung. Wenn du dich gut vorbereitet hast, brauchst du dir keine Sorgen zu machen. Übung macht den Meister!

Bearbeitung der Aufgaben

Für die Bearbeitung der Prüfungsaufgaben ist es hilfreich, sich eine **Lösungsstrategie** anzueignen:

- **Lies** die Aufgabenstellung **genau** durch und **markiere** alle wichtigen Angaben oder Informationen (z. B. gegebene Größen, Lösungshinweise) farbig.
- Eine **Skizze**, in der du die gegebenen und gesuchten Größen einträgst, kann dir oft den Einstieg in eine komplexe Aufgabe erleichtern.
- Überlege, auf welches **Themengebiet** der Mathematik sich die Aufgabe bezieht. Welche Regeln, Sätze oder Formeln sind dir aus diesem Bereich bekannt? Nutze, wenn möglich, auch die Formelsammlung.
- Wenn du mit der Lösung einer schwierigen Aufgabe nicht weiterkommst, so halte dich zunächst nicht zu lange damit auf. Versuche, mit der nächsten Teilaufgabe oder Aufgabe weiterzumachen. Wenn die anderen Aufgaben bearbeitet sind, kommst du nochmals auf die angefangene Aufgabe zurück.
- Wichtig ist die genaue **Darstellung des Lösungsweges**, denn Ergebnisse können nur dann bewertet werden, wenn der Lösungsweg nachvollziehbar ist und auch die **Teilergebnisse** festgehalten sind. Achte auf richtige **Maßeinheiten** und **saubere Zeichnungen.** Vergiss auch nicht, einen **Antwortsatz** zu formulieren.
- Plane zum Schluss einen nicht zu knappen Zeitraum für die **Überprüfung** deiner Rechnungen ein. Versuche, das **Ergebnis abzuschätzen:** Stimmt die errechnete Größe in etwa? Ist die Einheit richtig?
- Achte auch auf eine **saubere äußere Form** und vergiss nicht, alle Blätter mit deinem **Namen** zu versehen.

Mathematische Formeln

Quadrat
$A = a \cdot a$
$A = a^2$

Rechteck
$A = a \cdot b$

Dreieck
$A = \dfrac{g \cdot h}{2}$

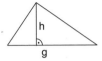

Parallelogramm
$A = g \cdot h$

Trapez
$A = \dfrac{a + c}{2} \cdot h$

Kreis
$A = \pi \cdot r^2$
$u = 2 \cdot \pi \cdot r$
$u = \pi \cdot d$

Würfel
$V = a \cdot a \cdot a$
$V = a^3$
$O = 6 \cdot a^2$

Quader
$V = a \cdot b \cdot c$
$O = 2ab + 2ac + 2bc$

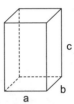

Prisma
$V = G \cdot h_k$
$M = u \cdot h_k$
$O = 2 \cdot G + M$
G: Grundfläche
M: Mantelfläche

Zylinder
$V = \pi \cdot r^2 \cdot h_k$
$O = 2 \cdot G + M$
$O = 2 \pi r^2 + \pi d h_k$

In einem rechtwinkligen Dreieck
gilt der **Satz des Pythagoras**:
$a^2 + b^2 = c^2$

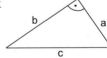

Prozentformel

$$P = G \cdot \frac{p}{100}$$

P: Prozentwert
G: Grundwert
p %:   Zinssatz

Jahreszinsen

$$Z = K \cdot \frac{p}{100}$$

Monatszinsen

$$Z = K \cdot \frac{p}{100} \cdot \frac{M}{12}$$

Tageszinsen

$$Z = K \cdot \frac{p}{100} \cdot \frac{t}{360}$$

K: Kapital
t: Tage
p %:   Zinssatz
Z: Zinsen

Wahrscheinlichkeitsrechnung
Sind alle Ergebnisse eines Zufallsexperiments gleich wahrscheinlich, so gilt
für die Wahrscheinlichkeit eines Ereignisses A:

$$\text{Wahrscheinlichkeit(A)} = \frac{\text{Anzahl der für A günstigen Ergebnisse}}{\text{Anzahl aller Ergebnisse}}$$

Mehrstufige Zufallsversuche lassen
sich in einem Baumdiagramm darstellen.

Beispiel: Das Werfen einer Münze
kann Wappen (W) oder Zahl (Z)
ergeben, die Wahrscheinlichkeit ist
je $\frac{1}{2}$.

Pfadregel: (Beispiel)

$$\text{Wahrscheinlichkeit(ZZ)} = \frac{1}{2} \cdot \frac{1}{2} = \frac{1}{4}$$

Summenregel: (Beispiel)

$$\text{Wahrscheinlichkeit(ZZ oder WW)} = \frac{1}{4} + \frac{1}{4} = \frac{1}{2}$$

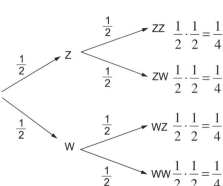

Original-Prüfungsaufgaben
mit Lösungen

Kurs A + B – Allgemeiner Teil

Punkte

1. Berechne.   5

   a) $400 \cdot 90 = $＿＿＿＿   b) $3 \cdot$ ＿＿＿＿ $= 2\,400$

   c) $0,5 \cdot 0,5 = $＿＿＿＿   d) $-7 + (-8) = $＿＿＿＿

   e) $\dfrac{1}{3} + \dfrac{1}{4} = $ ＿＿＿＿

2. Verwandle in die angegebene Einheit.   4

   a) $3,5\ t = $＿＿＿＿ kg   b) $0,358\ km = $＿＿＿＿ m

   c) $7\,450\ g = $＿＿＿＿ kg   d) $5\dfrac{1}{2}\ min = $＿＿＿＿ sec

3. Bestimme den Flächeninhalt der jeweiligen Figur   3
   (1 Kästchenlänge $\hat{=} 1$ cm).

   a)

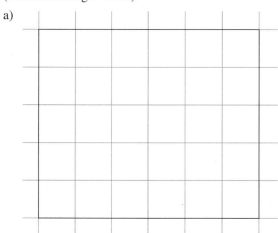

   Kästchenlänge 1 cm

2011-1

b)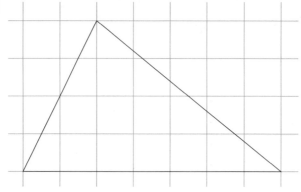

3

Kästchenlänge 1 cm

4. Welches Würfelnetz gehört zu
dem abgebildeten Würfel?
Kreuze an.

2

☐ 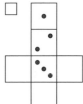   ☐   ☐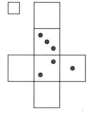

5. Färbe jeweils 40 % der Figur.

4

a) 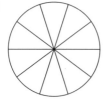   b)

6. Rechenvorschrift:

3

a) Ich denke mir eine Zahl, verdopple sie und ziehe 7 ab.
Mein Ergebnis ist 1. Wie heißt die gedachte Zahl?

b) Schreibe zum Aufgabenteil a eine passende Gleichung auf.
Die gedachte Zahl ist x.

7. In zwei Spielen hat der Fußballverein Schwachhausen 4 Punkte erreicht. Nenne mögliche Ergebnisse der beiden Spiele (A/B).   3

Spiel	Ergebnis / Tore		Punkte für Schwachhausen
	Schwachhausen	Gegner	
A	:		
B	:		

Info zur Punktevergabe

Spiel …

gewonnen: 3 Punkte

unentschieden: 1 Punkt

verloren: 0 Punkte

8. In der folgenden Grafik ist das Ergebnis einer Klassenarbeit im Fach Deutsch dargestellt.   4

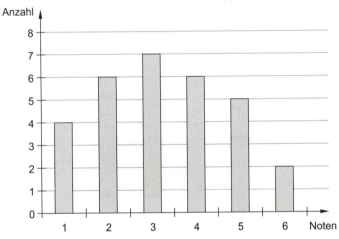

a) Wie viele Schülerinnen und Schüler haben die Note „4" bekommen?

b) Wie viele Schülerinnen und Schüler haben die Arbeit geschrieben?

c) Wenn 30 Prozent der Schülerinnen und Schüler eine Zensur schlechter als 4 geschrieben haben, darf die Arbeit nicht gewertet werden. Ist dies bei dieser Arbeit der Fall? Begründe.

Beachte:
- Alle Rechenwege müssen klar und übersichtlich aufgeschrieben werden.
- Runde jedes Ergebnis auf 2 Stellen hinter dem Komma.

Punkte

Aufgabe 1

a) Ein Baumarkt reduziert die Preise
   für Farben um 30 Prozent.
   Berechne den neuen Preis für
   die Innenfarbe.

4

Alpinaweiß 12l **36.⁸⁵**

b) Der gleiche Baumarkt bietet eine
   Duschkabine zu einem reduzierten
   Preis an.
   Berechne, um wie viel Prozent
   der Preis gesenkt wurde.
   Runde auf ganze Prozentzahlen.

2

Aufgabe 2

a) Welcher Körper entsteht beim Zusammenkleben des abgebildeten
   Netzes?

1

b) Wie groß ist das Volumen des Körpers? Entnimm alle notwendigen
   Maße der Zeichnung.

6

c) Für eine Werbeaktion soll die Verpackung nach folgenden Vorgaben
   geändert werden:
   - Das Volumen soll gleich bleiben.
   - Die Grundfläche soll ein Quadrat mit der Kantenlänge $a = 3,5$ cm
     sein.
   Welche Höhe hat die neue Verpackung? Begründe.
   Hinweis:
   Wenn du in Teilaufgabe b kein Ergebnis errechnet hast, verwende:
   $V = 80$ cm³.

3

2011-4

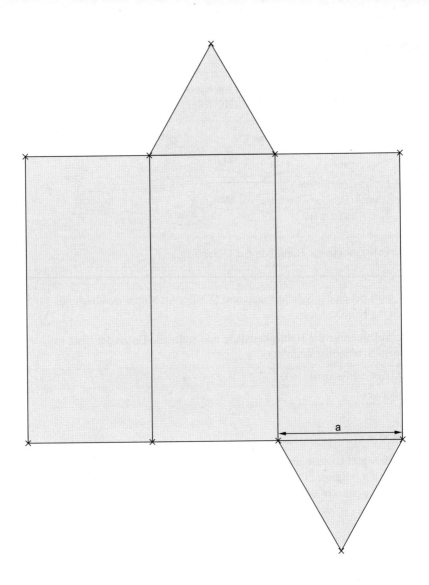

Aufgabe 3

Bei einer Umfrage zum Freizeitverhalten wurde die folgende Frage gestellt: „Wie oft gehst du im Monat ins Kino?"
Die Schülerinnen und Schüler gaben die folgenden Antworten:

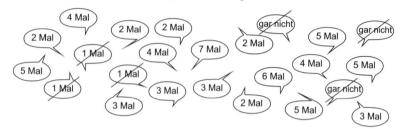

a) Vervollständige die Rangliste der Daten.   2

| 0 | 0 | 0 | 1 | 1 | 1 | | | | | | | | | | | | | | | | | | | | |

b) Wie oft gehen die Schülerinnen und Schüler im Monat durchschnitt-   2
lich ins Kino?

c) Vervollständige die Häufigkeitsliste und stelle die Daten der Liste in   5
einem Säulendiagramm dar.

Anzahl der Besuche	0	1	2	3	4	5	6	7
Häufigkeit								

Aufgabe 4

Ein Kartenspiel besteht aus den rechts abgebildeten 9 Karten. Die Karten werden gut gemischt und in der Form eines Quadrats verdeckt ausgelegt.

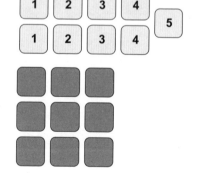

a) Wie groß ist die Wahrscheinlich-   1
keit, eine „5" zu ziehen?

b) Wie groß ist die Wahrscheinlich-   1
keit, eine „2" zu ziehen?

c) Wie groß ist die Wahrscheinlich-   2
keit, eine Zahl „kleiner als 3" zu
ziehen?

d) Als erstes wurde eine „5" gezogen. Nun wird ein zweites Mal   2
   gezogen. Wie groß ist die Wahrscheinlichkeit, aus den restlichen
   acht Karten eine „1" zu ziehen?

e) In einer anderen Variante werden je zwei Karten gleichzeitig   2
   aufgedeckt. Die Zahlen der beiden Karten werden addiert.
   Nenne alle möglichen Ergebnisse.

Aufgabe 5

Frau Brause vergleicht die Angebote von drei Mietwagenfirmen.

Angebot 1	**Angebot 2**	**Angebot 3**

25 € pro Tag. Die ersten 50 Kilometer sind frei. Jeder weitere Kilometer kostet 0,20 €.	35 € pro Tag 0,25 € pro km	40 € pro Tag 0,30 € pro km

Graph A

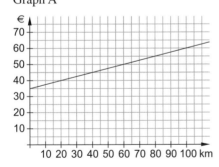

Graph B

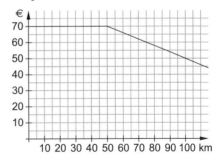

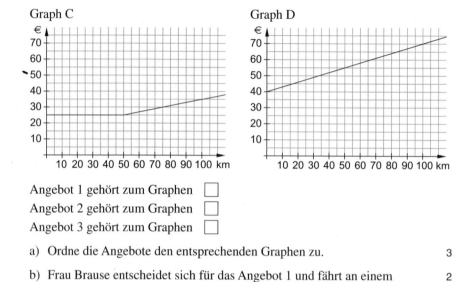

Angebot 1 gehört zum Graphen ☐

Angebot 2 gehört zum Graphen ☐

Angebot 3 gehört zum Graphen ☐

a) Ordne die Angebote den entsprechenden Graphen zu.   3

b) Frau Brause entscheidet sich für das Angebot 1 und fährt an einem   2
   Tag 220 km. Wie viel muss sie dafür bezahlen?

Punkte

Wahlaufgabe 1

© 2011 Google Kartendaten © 2011 Europa Technologies, INEGI

Die direkte Entfernung („Luftlinie") von Hannover nach Hildesheim beträgt 28,5 km.

a) Zeichne in die abgebildete Karte ein Dreieck mit den Eckpunkten Hannover, Hildesheim und Bad Nenndorf ein. 1

b) Miss in dem eingezeichneten Dreieck alle Winkel und trage die gemessenen Werte in das Dreieck ein. 3

c) Bestimme die direkten Entfernungen Hannover – Bad Nenndorf und Hildesheim – Bad Nenndorf auf der Karte und in Wirklichkeit. 4

d) Bestimme den Maßstab der abgebildeten Karte. 2

Wahlaufgabe 2

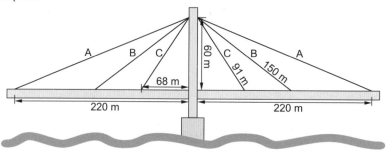

Die Severinsbrücke in Köln wurde vor über 50 Jahren als Schrägseilbrücke über den Rhein gebaut.

a) Berechne anhand der Angaben in der Zeichnung die Länge des Tragseils A. 3

b) Das Tragseil B ist 150 m lang. In welcher Entfernung vom Brückenpfeiler ist das Seil am Boden befestigt? 3

c) Die zylinderförmigen Tragseile haben einen Durchmesser von 0,20 m. Stahl besitzt eine Dichte von $7{,}87 \frac{t}{m^3}$. Wie schwer ist ein mit C bezeichnetes Tragseil? 2

d) Überprüfe, ob der Winkel γ in dem hier abgebildeten Dreieck größer oder kleiner als 90° ist. 2

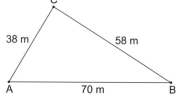

Skizze (nicht maßstäblich)

2011-10

Wahlaufgabe 3

Mit 132 km haben die Harzer Schmalspurbahnen (HSB) das längste dampfbetriebene Streckennetz in Europa.
Durch drei Strecken, die **Brockenbahn**
(19 km lang), die **Harzquerbahn**
(60,5 km lang) und die **Selketalbahn**
werden die Städte Gernrode, Nord-
hausen und Wernigerode mit dem
Brocken verbunden.

© Mhwater/wikipedia.com, Creative Commons-
Lizenz Namensnennung 3.0 Unported

a) Stelle die Anteile der drei Strecken in einem Streifendiagramm mit   3
   einer Gesamtlänge von 10 cm dar.

Winterfahrplan (Wernigerode – Brocken)

325↓	**Wernigerode – Drei Annen Hohne – Schierke – Brocken**										
Harzer Schmalspurbahnen GmbH **gültig vom 01. November 2010 bis 21. April 2011** Dampfbetriebene Schmalspurbahn											
	Zug	8901	8931	8933	8903	8941	8935	8929	8945	8937	8905
km		🚌 23	⚒ ♈	⚒	⚒ 80	♈	⚒ 21	⚒ 21 ♈	⚒ 21	⚒	🚌 22
	von										
0	Wernigerode (234 m) ab	7 25	9 10	Ⓟ10 25	11 55		12 55	14 55		Ⓟ 15 55	16 25
1	Wernigerode Westerntor (238 m)	7 29	9 14	10 29	11 59		12 59	14 59		15 59	16 29
3	Wernigerode Hochschule Harz (256 m)	7 33	9 18	10 33	12 03		13 03	15 03		16 03	16 33
5	Wernigerode-Hasserode (280 m)	7 39	9 24	10 39	12 09		13 09	15 09		a 16 18	16 39
6	Steinerne Renne (311 m)	7 44	9 29	10 44	12 14		13 14	15 14		b 16 30	16 44
15	Drei Annen Hohne (540 m) an	8 03	9 48	11 03	12 33		13 33	15 33		16 49	17 07
15	Drei Annen Hohne (540 m) ab	8 10	10 05	11 20	12 40	12 35	13 50	15 40	15 57	17 05	17 10
20	Schierke (685 m) an		10 17	11 32		12 47	14 02		16 09	17 17	
20	Schierke (685 m) ab		10 24	11 39		12 54	14 09		16 16	17 28	
34	Brocken (1 125 m) an		10 54	Ⓟ12 09		13 24	14 40		16 46	Ⓒ 17 58	
	nach	Eisfelder Talmühle			Eisfelder Talmühle			Nord- hausen			Eisfelder Talmühle

(Die Zahlen in Klammern hinter den Bahnhofsnamen geben die Höhenlage über NN an.)

b) Welcher Höhenunterschied muss bei einer Fahrt von Wernigerode bis   1
   zum „Brockenbahnhof" überwunden werden?

c) Wie lange dauert die Fahrt mit dem Zug 8941 vom Bahnhof „Drei   1
   Annen Hohne" bis zum Bahnhof „Brocken"?

d) Der Zug Nummer 8935 fährt auch auf der 19 km langen Strecke vom   3
   Bahnhof „Drei Annen Hohne" bis zum Bahnhof „Brocken".
   Berechne die Durchschnittsgeschwindigkeit in $\frac{km}{h}$ für die reine Fahr-
   zeit.

e) Die Leistung der abgebildeten Dampflok beträgt 700 PS. 2
Heute gibt man Leistung in Kilowatt (kW) an.
Stelle in dem Diagramm die Umrechnung zwischen PS und kW
grafisch dar.

Info:
1 PS entspricht 0,75 kW

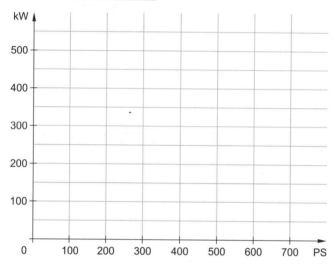

Wahlaufgabe 4

Die innere Bodenfläche des abgebildeten
Wasserkanisters hat die Abmessungen
25 cm mal 16 cm.

a) Wie viel Liter Wasser befinden sich im 2
Kanister bei einer Füllhöhe von 50 cm?

b) Der Kanister wird gleichmäßig mit 2
Wasser gefüllt. Der Füllvorgang wird in
der Abbildung grafisch dargestellt.
Skizziere in der gleichen Abbildung
einen Graphen für einen schnelleren
Wasserzulauf.

© Valentin Essen/Fotolia.com

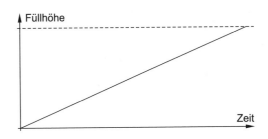

c) Der Graph stellt das gleichmäßige Ausfließen des Wassers aus dem   2
Kanister dar. Vervollständige die Wertetabelle mithilfe des Graphen.

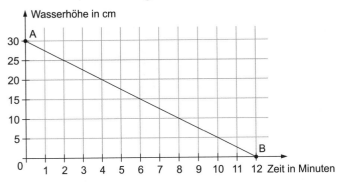

Zeit in Minuten	0	1	2	4	7	8	9	10	12
Wasserhöhe in cm									

d) Ergänze den Lückentext: 4

Der Kanister ist bis zu einer Höhe von _____ cm gefüllt. Er wird

gleichmäßig entleert. Dieser Vorgang ist nach _____ Minuten be-

endet. In einer Minute sinkt die Wasserhöhe um _____ cm. In einer

Minute laufen/läuft _____ Liter durch. Der Vorgang wird mathe-

matisch durch die Funktionsgleichung _____ (A, B oder C)

beschrieben.

A: $y = 30 - 12x$ B: $y = 30 - 2,5 \cdot x$ C: $30 - x = 12$

Beachte:

- Alle Rechenwege müssen klar und übersichtlich aufgeschrieben werden.
- Runde jedes Ergebnis auf 2 Stellen hinter dem Komma.

Aufgabe 1

Punkte

2

Ein Kleinwagen verbraucht auf 100 km 6,2 Liter Super. Der Tank fasst 45 Liter. Wie weit kann man mit einer Tankfüllung fahren?

Aufgabe 2

3

Ein Baumarkt wirbt mit folgender Aktion:
Frau Kerner kauft drei Eimer Innenfarbe.
Wie viel Euro muss sie zahlen?

Aufgabe 3

a) Welcher Körper entsteht beim Zusammenkleben des Netzes?   1

b) Berechne die Oberfläche des Körpers.   6

c) Berechne das Volumen des Körpers.   3

Hinweis: Entnimm die notwendigen Maße der Zeichnung.

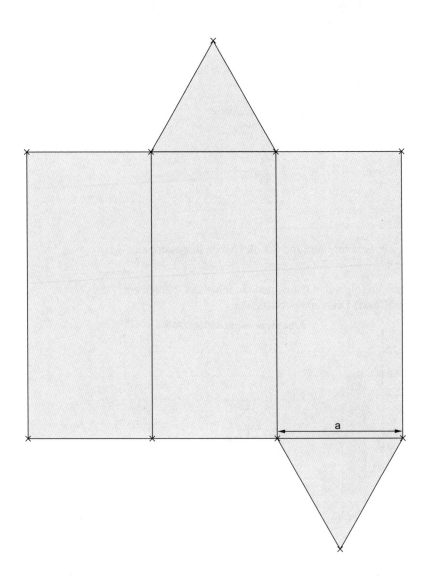

Aufgabe 4

Im Schulzentrum Mitte wurden 2009 die folgenden Arbeitsgemeinschaften gewählt:

AG	Anzahl der Schülerinnen und Schüler
Fußball	60
Handball	35
Schülerfirma	30
Tanzen	25
Computer	50

a) Wie viele Schülerinnen und Schüler haben insgesamt eine AG   1
   gewählt?

b) Zeichne im folgenden Diagramm die fehlenden Säulen ein.   3
   Beschrifte das Diagramm vollständig.

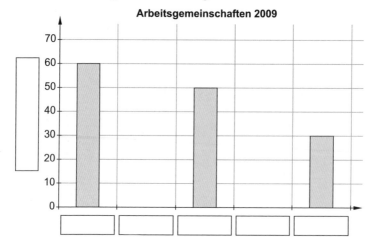

c) Wie viel Prozent der Schülerinnen und Schüler haben Ballsportarten   2
   gewählt?

Die aktuellen Ergebnisse der Wahl der Arbeitsgemeinschaften im Jahr 2010 sind in dem folgenden Kreisdiagramm dargestellt. 250 Schülerinnen und Schüler haben gewählt.

Arbeitsgemeinschaften 2010

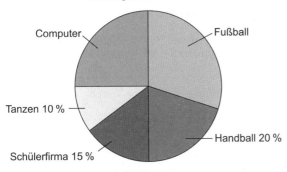

d) Wie viel Prozent der Schülerinnen und Schüler haben ungefähr die Computer AG gewählt? 2

e) Wie viele Schülerinnen und Schüler wollen Handball spielen? 1

Aufgabe 5

Ein Spiel besteht aus den rechts abgebildeten Karten.
Die Karten werden gut gemischt und in der Form eines Quadrats verdeckt ausgelegt.

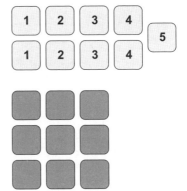

a) Wie groß ist die Wahrscheinlichkeit, eine „5" zu ziehen? 1

b) Wie groß ist die Wahrscheinlichkeit, eine „2" zu ziehen? 1

c) Wie groß ist die Wahrscheinlichkeit, eine „9" zu ziehen? 1

d) Wie groß ist die Wahrscheinlichkeit, eine Zahl „kleiner als 3" zu ziehen? 2

Aufgabe 6

Puzzlespiel

Ein 3 mal 3 Feld soll vollständig mit den unten dargestellten Puzzleteilen ausgefüllt werden.

Für jede Lösung muss man drei verschiedene Puzzleteile verwenden.

a) Zeichne drei unterschiedliche Lösungen in die vorgegebenen 3 mal 3 Felder ein. Kennzeichne die einzelnen Puzzleteile farbig oder durch Schraffur.   3

b) Paul behauptet: „Ich kenne eine Lösung, in der ich nur Vierer verwende." Stimmt die Aussage? Begründe.   2

c) Julia behauptet: „Wenn ich den Zweier verwende, kann der Einer nicht mehr benutzt werden." Stimmt diese Aussage? Begründe.   2

Lösung A: Lösung B: Lösung C:

Kurs B – Wahlaufgaben

Wahlaufgabe 1

© 2011 Google Kartendaten © 2011 Europa Technologies, INEGI

Die direkte Entfernung („Luftlinie") von Hannover nach Hildesheim beträgt 28,5 km.

a) Zeichne in die abgebildete Karte ein Dreieck mit den Eckpunkten Hannover, Hildesheim und Bad Nenndorf ein.   1

b) Miss in dem eingezeichneten Dreieck alle Winkel und trage die gemessenen Werte in das Dreieck auf der Karte ein.   3

c) Bestimme die direkten Entfernungen auf der Karte und auch in Wirklichkeit: 4

	Entfernung ...	
	auf der Karte	in der Wirklichkeit
Hannover – Bad Nenndorf	cm	km
Hildesheim – Bad Nenndorf	cm	km

d) Signale einer Funkstation in Pattensen können in Hildesheim gerade noch empfangen werden. Können die Signale dieser Station auch Bad Nenndorf und Hannover erreichen? Begründe.   2

Wahlaufgabe 2

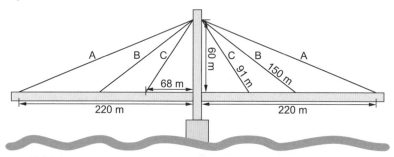

Die Severinsbrücke wurde in Köln vor über 50 Jahren als Schrägseilbrücke über den Rhein gebaut.

a) Berechne anhand der Angaben in der Zeichnung die Länge des Tragseils A.　　　3

b) Das Tragseil B ist 150 m lang.
   In welcher Entfernung vom Brückenpfeiler ist das Seil am Boden befestigt?　　　3

c) Alle 12 Tragseile haben insgesamt eine Länge von 1 875 m.
   Die zylinderförmigen Stahltragseile haben einen Radius von 0,10 m.
   Wie schwer sind alle Tragseile zusammen?

   Stahl besitzt eine Dichte von 7,87 $\frac{t}{m^3}$.　　　4

Wahlaufgabe 3

Mit 132 km haben die Harzer Schmalspurbahnen (HSB) das längste dampfbetriebene Streckennetz in Europa.
Durch drei Strecken, die **Brockenbahn**
(19 km lang), die **Harzquerbahn**
(60,5 km lang) und die **Selketalbahn**
werden die Städte Gernrode, Nord-
hausen und Wernigerode mit dem
Brocken verbunden.

© Mhwater/wikipedia.com, Creative Commons-
Lizenz Namensnennung 3.0 Unported

Winterfahrplan (Wernigerode – Brocken)

325 ↓ Wernigerode – Drei Annen Hohne – Schierke – Brocken

Harzer Schmalspurbahnen GmbH **gültig vom 01. November 2010 bis 21. April 2011** *Dampfbetriebene Schmalspurbahn*

km	Zug	8901	8931	8933	8903	8941	8935	8929	8945	8937	8905
		🚌 23	🚂	🚂 ⓣ	🚂 80	🚂 ⓣ	🚂 21	🚂 21	ⓣ 21	🚂	🚌 22
	von										
0	Wernigerode *(234 m)* ab	7 25	9 10	ⓟ10 25	11 55		12 55	14 55		ⓟ15 55	16 25
1	Wernigerode Westerntor *(238 m)*	7 29	9 14	10 29	11 59		12 59	14 59		15 59	16 29
3	Wernigerode Hochschule Harz *(256 m)*	7 33	9 18	10 33	12 03		13 03	15 03		16 03	16 33
5	Wernigerode-Hasserode *(280 m)*	7 39	9 24	10 39	12 09		13 09	15 09		16 18	16 39
6	Steinerne Renne *(311 m)*	7 44	9 29	10 44	12 14		13 14	15 14		16 30	16 44
15	Drei Annen Hohne *(540 m)* an	8 03	9 48	11 03	12 33		13 33	15 33		16 49	17 04
15	Drei Annen Hohne *(540 m)* ab	8 10	10 05	11 20	12 40	12 35	13 50	15 40	15 57	17 05	17 10
20	Schierke *(685 m)* an		10 17	11 32		12 47	14 02		16 09	17 17	
20	Schierke *(685 m)* ab		10 24	11 39		12 54	14 09		16 16	17 28	
34	Brocken *(1 125 m)* an		10 54	ⓟ12 09		13 24	14 40		16 46	ⓟ17 58	
	nach	Eisfelder Talmühle			Eisfelder Talmühle			Nord-hausen			Eisfelder Talmühle

(Die Zahlen in Klammern hinter den Bahnhofsnamen geben die Höhenlage über NN an.)

a) Wie lange dauert die Fahrt vom Bahnhof „Wernigerode" bis zum
Bahnhof „Drei Annen Hohne" mit dem Zug 8901?

1

b) Welcher Höhenunterschied muss bei einer Fahrt von Wernigerode bis
zum „Brockenbahnhof " überwunden werden?

2

c) Der Zug mit der Nummer 8931 fährt vom Bahnhof „Wernigerode" bis
zum Bahnhof „Drei Annen Hohne". Die Entfernung zwischen diesen
beiden Bahnhöfen beträgt 15 km.
Berechne die Durchschnittsgeschwindigkeit in $\frac{km}{h}$.

4

d) Stelle die Anteile der drei oben angegebenen Strecken (Brockenbahn, Harzquerbahn, Selketalbahn) in einem Säulendiagramm dar.

3

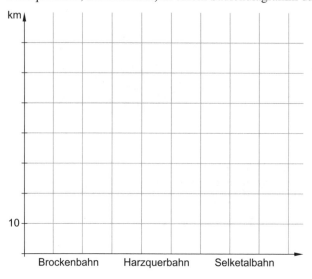

Wahlaufgabe 4

Die innere Bodenfläche des abgebildeten Wasserkanisters hat die Abmessungen 25 cm mal 16 cm.

a) Wie viel Liter Wasser befinden sich im Kanister bei einer Füllhöhe von 50 cm?

3

b) Der Kanister wird gleichmäßig mit Wasser gefüllt. Der Füllvorgang wird in der Abbildung grafisch dargestellt. Skizziere in der gleichen Abbildung einen Graphen für einen schnelleren Wasserzulauf.

2

© Valentin Essen/Fotolia.com

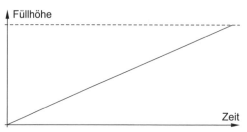

c) Im Kanister steht das Wasser 40 cm hoch. Nun wird der Abflusshahn geöffnet, sodass der Wasserstand pro Minute um 5 cm fällt. Vervollständige die Tabelle und stelle den Graphen im Koordinatenkreuz unten dar. Schreibe die fehlenden Werte an die Achsen.

5

Zeit in Minuten	0	1	2	3	4	5	6	7	8
Füllhöhe in cm	40								

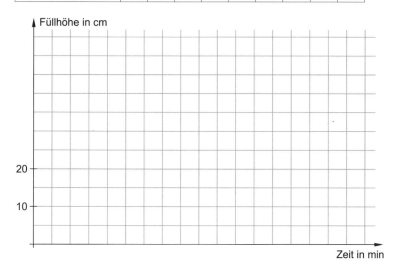

Lösungen

Kurs A + B – Allgemeiner Teil

1. a) **Hinweis:** Rechne: $4 \cdot 9 = 36$.
   Ergänze dann 3 Nullen.
   $400 \cdot 90 = \mathbf{36\,000}$

   b) **Hinweis:** Rechne: $2\,400 : 3 = 800$
   $3 \cdot \mathbf{800} = 2\,400$

   c) **Hinweis:** Rechne: $5 \cdot 5 = 25$
   Setze dann das Komma. Es müssen 2 Stellen hinter dem Komma sein.
   $0,5 \cdot 0,5 = \mathbf{0,25}$

   d) **Hinweis:** Schreibe zunächst ohne Klammer.
   $-7 + (-8) = -7 - 8 = \mathbf{-15}$

   e) **Hinweis:** Erweitere beide Brüche auf den Hauptnenner 12.
   $\dfrac{1}{3} + \dfrac{1}{4} = \dfrac{4}{12} + \dfrac{3}{12} = \mathbf{\dfrac{7}{12}}$

2. a) **Hinweis:** $1\ t = 1\,000\ kg$
   $3,5\ t = \mathbf{3\,500}\ kg$

   b) **Hinweis:** $1\ km = 1\,000\ m$
   $0,358\ km = \mathbf{358}\ m$

   c) **Hinweis:** $1\,000\ g = 1\ kg$
   $7\,450\ g = \mathbf{7,450}\ kg$

   d) **Hinweis:** $1\ min = 60\ sec$
   $5\dfrac{1}{2}\ min = \mathbf{330}\ sec$

3. a) **Hinweis:** Bei der Fläche handelt es sich um ein Rechteck mit $a = 6$ cm
   und $b = 5$ cm. Alternativ kannst du auch die Einheitsquadrate zählen.
   $A = a \cdot b$
   $A = 6\ cm \cdot 5\ cm$
   $\mathbf{A = 30\ cm^2}$

b) Zeichne die Höhe in das Dreieck ein.

$$A = \frac{g \cdot h}{2}$$

$$A = \frac{7\,cm \cdot 4\,cm}{2}$$

$$A = 14\,cm^2$$

4. $\square$ $\boxed{X}$ $\square$

Hinweis: Falte die Würfelnetze im Kopf. Das erste Netz kann es nicht sein, da die drei gekennzeichneten Felder in einer Reihe liegen. Das dritte Netz kann es nicht sein, da das Feld mit 1 Auge rechts vom Feld mit 2 Augen liegt.

5. a) **Hinweis:** $40\,\% = \frac{40}{100} = \frac{4}{10}$

Du musst 4 der 10 Kreisteile färben.

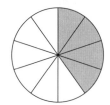

b) **Hinweis:** $\frac{4}{10} = \frac{8}{20}$

Du musst 8 der 20 kleinen Rechtecke färben. Welche Teile der Fläche du jeweils färbst, ist egal.

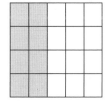

6. a) / **Hinweis:** Du kannst die Lösung durch Probieren oder Rückwärts-
   / rechnen finden.

   Die gedachte Zahl ist **4**.

   b) / **Hinweis:** Die Zahl x wird verdoppelt, also schreibe $2 \cdot x$.
   / Es sollen 7 abgezogen werden, also schreibe -7.
   / Das Ergebnis lautet 1.

   $2 \cdot x - 7 = 1$

7. / **Hinweis:** Es gibt viele mögliche Lösungen. Da Schwachhausen 4 Punkte
   / hat, muss der Verein aber auf jeden Fall 1-mal gewonnen und 1-mal un-
   / entschieden gespielt haben.

Spiel	Ergebnis / Tore		Punkte für Schwachhausen
	Schwachhausen	Gegner	
A	3 : 2		3
B	4 : 4		1

8. a) / **Hinweis:** Die Anzahl kannst du aus der Grafik ablesen.

   6 Schülerinnen und Schüler haben die Note 4 bekommen.

   b) / **Hinweis:** Lies die Anzahl für jede Note ab und addiere dann.

   30 Schülerinnen und Schüler haben die Arbeit geschrieben.

   c) / **Hinweis:** 10 % von 30 Schülern sind 3 Schüler, also sind 30 %
   / 9 Schüler.

   30 % wären bei dieser Arbeit 9 Schülerinnen und Schüler. Es haben aber
   nur 7 Personen eine Note schlechter als 4 geschrieben.
   Die Arbeit **darf** also **gewertet werden**.

   / **Hinweis:** Du kannst auch überschlagen, wie viel Prozent der Schülerin-
   / nen und Schüler bei dieser Arbeit eine Note schlechter als 4 (also eine 5
   / oder 6) geschrieben haben:

   / $p = \dfrac{P \cdot G}{100}$

   / $p = \dfrac{7 \cdot 100}{30}$

   / $p \% \approx 25 \%$

1. a) ✎ **Hinweis:** Der Preis wird um 30 % reduziert, er beträgt also noch 70 %
   ✎ des ursprünglichen Preises.

   $$P = \frac{G \cdot p}{100}$$

   $$P = \frac{36,85 \ € \cdot 70}{100}$$

   P ≈ 25,80 €

   ✎ **Hinweis:** Du kannst auch mit dem Dreisatz rechnen:

   $$: 10 \ \left(\begin{array}{rcl} 100 \ \% & \to & 36,85 \ € \\ 10 \ \% & \to & 3,685 \ € \\ 70 \ \% & \to & \approx 25,80 \ € \end{array} \right) : 10$$
   $$\cdot 7 \qquad\qquad\qquad\qquad\qquad \cdot 7$$

   Der reduzierte Preis für die Innenfarbe beträgt 25,80 €.

   b) ✎ **Hinweis:** Der Preis wurde um 199,00 € − 119,99 € = 79,01 € gesenkt.

   $$p = \frac{P \cdot 100}{G}$$

   $$p = \frac{79,01 \cdot 100}{199}$$

   p % ≈ 40 %

   Der Preis der Duschkabine wurde um ca. 40 % gesenkt.

2. a) ✎ **Hinweis:** Da die Mantelfläche aus 3 gleichen Rechtecken besteht,
   ✎ handelt es sich bei der Grundfläche um ein gleichseitiges Dreieck.

   Beim Zusammenkleben des Netzes entsteht ein **Prisma mit einem
   gleichseitigen Dreieck als Grundfläche.**

   b) $g = 3,4 \ \text{cm}$
   $h = 2,9 \ \text{cm}$
   $h_k = 7,6 \ \text{cm}$

   $$V = \frac{g \cdot h}{2} \cdot h_k$$

   $$V = \frac{3,4 \ \text{cm} \cdot 2,9 \ \text{cm}}{2} \cdot 7,6 \ \text{cm}$$

   $$V \approx 37,47 \ \text{cm}^3$$

Hinweis: Du kannst auch in 2 Schritten rechnen:

$$G = \frac{g \cdot h}{2}$$

$$G = 4,93 \text{ cm}^2$$

$$V = G \cdot h_k$$

$$V \approx 37,47 \text{ cm}^3$$

Das Volumen beträgt 37,47 cm³.

c) **Hinweis:** Berechne zuerst die Größe der Grundfläche.

$A = a \cdot a$

$A = 3,5 \text{ cm} \cdot 3,5 \text{ cm}$

$A = 12,25 \text{ cm}^2$

Hinweis: Löse die Formel $V = G \cdot h_k$ nach h_k auf.

$$h_k = \frac{V}{G}$$

$$h_k = \frac{37,47 \text{ cm}^3}{12,25 \text{ cm}^2}$$

$$\mathbf{h_k \approx 3,06 \text{ cm}}$$

Die Höhe der neuen Verpackung beträgt 3,06 cm.

3. a) **Hinweis:** In einer Rangliste werden die Daten der Größe nach sortiert.
Streiche jede Sprechblase durch, wenn du ihren Wert in die Rangliste übertragen hast.

0	0	0	1	1	1	2	2	2	2	2	3	3	3	3	4	4	4	5	5	5	5	6	7

b) **Hinweis:** Du musst zuerst die Anzahl aller Kinobesuche addieren.
Zähle danach ab, wie viele Schüler gefragt wurden.

$70 : 24 \approx \mathbf{2,92}$

Die Schülerinnen und Schüler gehen durchschnittlich ca. 3-mal pro Monat ins Kino.

c) **Hinweis:** Die Daten kannst du aus deiner Rangliste ablesen.

Anzahl der Besuche	0	1	2	3	4	5	6	7
Häufigkeit	3	3	5	4	3	4	1	1

Hinweis: Lege für die Achsen des Diagramms eine geeignete Einteilung fest. Du musst auch eine Säule für 0 Besuche zeichnen.

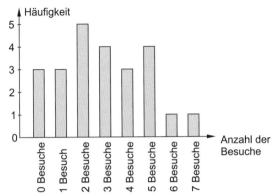

4. a) **Hinweis:** 1 von 9 Karten ist eine „5".

Die Wahrscheinlichkeit beträgt $\frac{1}{9}$.

b) **Hinweis:** 2 von 9 Karten sind eine „2".

Die Wahrscheinlichkeit beträgt $\frac{2}{9}$.

c) **Hinweis:** Auf 4 von 9 Karten steht eine Zahl, die „kleiner als 3" ist.

Die Wahrscheinlichkeit beträgt $\frac{4}{9}$.

d) **Hinweis:** Es sind jetzt nur noch 8 Karten. Auf 2 von 8 Karten steht die Zahl „1".

Die Wahrscheinlichkeit beträgt $\frac{2}{8} = \frac{1}{4}$.

e) **Hinweis:** $1+1=2$; $1+2=3$; $1+3=4$; $1+4=5$; $1+5=6$; $2+5=7$; $3+5=8$; $4+5=9$

Mögliche Ergebnisse:
2, 3, 4, 5, 6, 7, 8, 9

5. a) **Hinweis:** Graph C beginnt bei 25 € und verläuft bis 50 km parallel zur x-Achse. Danach steigt er gleichmäßig.

Angebot 1 gehört zum Graphen **C**.

Hinweis: Graph A beginnt bei 35 € und steigt gleichmäßig.

Angebot 2 gehört zum Graphen **A**.

Hinweis: Graph D beginnt bei 40 € und steigt gleichmäßig.

Angebot 3 gehört zum Graphen **D**.

b) **Hinweis:** Beachte: Die ersten 50 Kilometer sind frei.

$220 \text{ km} - 50 \text{ km} = 170 \text{ km}$

$170 \text{ km} \cdot 0,20 \frac{€}{\text{km}} = 34 €$

Hinweis: Die Kosten setzen sich aus dem Grundpreis und dem Preis für die gefahrene Strecke zusammen.

$25 € + 34 € = \mathbf{59 €}$

Frau Brause muss 59 € bezahlen.

Kurs A – Wahlaufgaben

1. a) **Hinweis:** Zeichne mit einem angespitzten Bleistift, dann fällt dir das Ausmessen anschließend leichter.

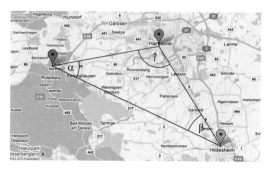

b) **Hinweis:** Wenn du alle drei Winkel gemessen hast, überprüfe, ob die Summe 180° ergibt.

$\alpha_{(\text{Bad Nenndorf})} = \mathbf{36°}$
$\beta_{(\text{Hildesheim})} = \mathbf{33°}$
$\gamma_{(\text{Hannover})} = \mathbf{111°}$

c) Entfernung auf der Karte:

Hannover – Bad Nenndorf → **4,5 cm**

Hildesheim – Bad Nenndorf → **7,7 cm**

Hinweis: Bei dieser Aufgabe handelt es sich um eine proportionale Zuordnung. Da du weißt, wie weit Hannover und Hildesheim in Wirklichkeit auseinander liegen (28,5 km), musst du nur ausmessen, wie weit die beiden Städte auf der Karte auseinander sind (4,8 cm). Dann kannst du bestimmen, wie viele Kilometer 1 cm auf der Karte entsprechen.

Entfernung in der Wirklichkeit:

$$:4,8 \left(\begin{array}{l} 4,8\,\text{cm} \rightarrow 28,5\,\text{km} \\ 1\,\text{cm} \rightarrow \approx 5,94\,\text{km} \end{array} \right) :4,8$$

Hannover – Bad Nenndorf:

$$\cdot 4,5 \left(\begin{array}{l} 1\,\text{cm} \rightarrow 5,94\,\text{km} \\ 4,5\,\text{cm} \rightarrow \mathbf{26,73\,km} \end{array} \right) \cdot 4,5$$

Hildesheim – Bad Nenndorf:

$$\cdot 7,7 \left(\begin{array}{l} 1\,\text{cm} \rightarrow 5,94\,\text{km} \\ 7,7\,\text{cm} \rightarrow \approx \mathbf{45,74\,km} \end{array} \right) \cdot 7,7$$

d) **Hinweis:** Um den Maßstab zu bestimmen, müssen die Entfernungen auf der Karte und in der Wirklichkeit die gleiche Einheit haben.

auf der Karte → in Wirklichkeit
1 cm →   5,94 km
1 cm →   5 940 m
1 cm →   594 000 cm

Der Maßstab der Karte beträgt **1 : 594 000**.

Hinweis: Der Maßstab 1 : 594 000 bedeutet, 1 cm auf der Karte entspricht in Wirklichkeit einer Strecke von 594 000 cm.

2. a) **Hinweis:** Mache dir zuerst eine Skizze und trage die bekannten Werte ein.

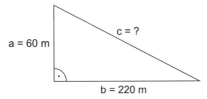

a = 60 m

c = ?

b = 220 m

Hinweis: Rechne mit dem Satz des Pythagoras: $a^2 + b^2 = c^2$

$$(60 \text{ m})^2 + (220 \text{ m})^2 = c^2$$
$$\sqrt{52\,000 \text{ m}^2} = c$$
$$\mathbf{228,04 \text{ m} \approx c}$$

Die Länge des Tragseils A beträgt 228,04 m.

b)

$a = 60$ m $c = 150$ m $b = ?$

Hinweis: Rechne auch hier mit dem Satz des Pythagoras.

Da die Hypotenuse bekannt ist, lautet die Formel: $b^2 = c^2 - a^2$

$$b^2 = (150 \text{ m})^2 - (60 \text{ m})^2$$
$$b = \sqrt{18\,900 \text{ m}^2}$$
$$\mathbf{b \approx 137,48}$$

Die Entfernung beträgt 137,48 m.

c)   **Hinweis:** $d = 0,20$ m, also $r = 0,10$ m.

Die Länge des Tragseils C beträgt 91 m. Um die Masse zu bestimmen, musst du das Volumen mit der Dichte multiplizieren.

$$V = \pi \cdot r^2 \cdot h_k$$
$$V = \pi \cdot (0,1 \text{ m})^2 \cdot 91 \text{ m}$$
$$V \approx 2,86 \text{ m}^3$$
$$m = 2,86 \text{ m}^3 \cdot 7,87 \frac{t}{m^3}$$
$$\mathbf{m \approx 22,51 \text{ t}}$$

Ein mit C bezeichnetes Tragseil wiegt 22,51 t.

d) $a = 58$ m

$b = 38$ m

$c = 70$ m

$$a^2 + b^2 = c^2$$
$$(58 \text{ m})^2 + (38 \text{ m})^2 = c^2$$
$$\sqrt{4\,808 \text{ m}^2} = c$$
$$69,34 \text{ m} \approx c$$

Der Winkel γ ist **größer als 90°**, da die Strecke c länger ist, als die Hypotenuse in einem rechtwinkligen Dreieck sein müsste.

Hinweis: Du kannst die Aufgabe auch zeichnerisch lösen und den Winkel γ ausmessen. Achte dabei darauf, dass du alle 3 Seiten im gleichen Maßstab zeichnest. Benutze einen angespitzten Bleistift, damit du das Ergebnis möglichst genau ablesen kannst.

3. a) **Hinweis:** Berechne zuerst den Anteil der einzelnen Bahnen am gesamten Streckennetz.

$$p = \frac{P \cdot 100}{G}$$

Brockenbahn:

$$p = \frac{19\ \text{km} \cdot 100}{132\ \text{km}}$$

$$p\ \% \approx 14\ \%$$

Harzquerbahn:

$$p = \frac{60,5\ \text{km} \cdot 100}{132\ \text{km}}$$

$$p\ \% \approx 46\ \%$$

Selketalbahn:
$100\ \% - 14\ \% - 46\ \% = 40\ \%$

Hinweis:

$10\ \text{cm} \overset{\wedge}{=} 100\ \%$

$1\ \text{cm} \overset{\wedge}{=} 10\ \%$

1,4 cm	4,6 cm	4,0 cm
Brockenbahn	Harzquerbahn	Selketalbahn

b) **Hinweis:** Wernigerode liegt 234 m über NN. Der Brockenbahnhof liegt 1 125 m über NN.

$1\,125\ \text{m} - 234\ \text{m} = \mathbf{891\ m}$

Es muss ein Höhenunterschied von 891 m überwunden werden.

c) **Hinweis:**
$12:35$ Uhr $-13:00$ Uhr $\rightarrow$ 25 min
$13:00$ Uhr $-13:24$ Uhr $\rightarrow$ 24 min

$12:35$ Uhr bis $13:24$ Uhr $\rightarrow$ **49 Minuten**

Die Fahrt dauert 49 Minuten.

d) **Hinweis:** Beachte: Die Bahn hat in Schierke 7 Minuten Aufenthalt.

$13:50$ Uhr bis $14:02$ Uhr $\rightarrow 12$ min
$14:09$ Uhr bis $14:40$ Uhr $\rightarrow 31$ min

Fahrzeit $= 43$ min

Hinweis: $\text{Geschwindigkeit} = \dfrac{\text{Strecke}}{\text{Zeitdauer}}$

Da die Geschwindigkeit in $\frac{km}{h}$ angegeben wird, musst du die

43 Minuten durch 60 dividieren, denn $1\,h = 60$ min.

$$v = \frac{19}{43:60}\ \frac{km}{h}$$

$$v \approx 26{,}51\ \frac{km}{h}$$

Die Durchschnittsgeschwindigkeit beträgt ca. $26{,}5\ \frac{km}{h}$.

e) **Hinweis:** Es handelt sich um eine proportionale Zuordnung.

$\quad 1\,\text{PS} \;\rightarrow\; 0{,}75\,\text{kW}$
$\quad 100\,\text{PS} \;\rightarrow\; \quad 75\,\text{kW}$
$\quad 200\,\text{PS} \;\rightarrow\; \quad 150\,\text{kW}$

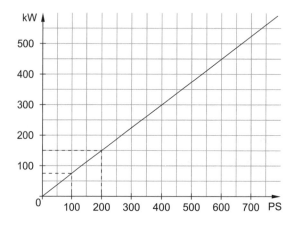

4. a) / **Hinweis:** $1\,000\,\text{cm}^3 = 1\,\text{dm}^3 = 1\,\ell$

$V = a \cdot b \cdot c$

$V = 25\,\text{cm} \cdot 16\,\text{cm} \cdot 50\,\text{cm}$

$V = 20\,000\,\text{cm}^3$

$\mathbf{V = 20\,dm^3 = 20\,\ell}$

/ **Hinweis:** Du kannst auch rechnen: $V = 2{,}5\,\text{dm} \cdot 1{,}6\,\text{dm} \cdot 5{,}0\,\text{dm}$

Es befinden sich 20 Liter im Tank.

b) / **Hinweis:** Es gibt viele Lösungen. Wichtig ist, dass dein Graph über
/ dem gegebenen Graphen liegt, da bei schnellerem Wasserzulauf we-
/ niger Zeit für dieselbe Füllhöhe benötigt wird.

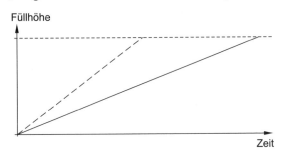

c) / **Hinweis:** Notiere zuerst die Werte, die du gut ablesen kannst.

Zeit in Minuten	0	1	2	4	7	8	9	10	12
Wasserhöhe in cm	30	27,5	25	20	12,5	10	7,5	5	0

d) / **Hinweis:** Die meisten Werte kannst du aus dem Graphen ablesen.
/ $V = 2{,}5\,\text{dm} \cdot 1{,}6\,\text{dm} \cdot 3\,\text{dm}$
/ $V = 12\,\text{dm}^3 = 12\,\ell$
/ 12 Liter laufen gleichmäßig in 12 Minuten aus dem Kanister, also läuft
/ in 1 Minute 1 Liter ab.

Der Kanister ist bis zu einer Höhe von **30** cm gefüllt. Er wird gleichmäßig
entleert. Dieser Vorgang ist nach **12 Minuten** beendet. In einer Minute
sinkt die Wasserhöhe um **2,5** cm. In einer Minute läuft **1** Liter durch.
Der Vorgang wird mathematisch durch die Funktionsgleichung **B** beschrieben.

1. ✏ **Hinweis:** Es handelt sich um eine proportionale Zuordnung.
   ✏ Rechne mit dem Dreisatz.

$$:6,2 \left(\begin{array}{rcl} 6,2 \text{ Liter} & \rightarrow & 100 \text{ km} \\ 1 \text{ Liter} & \rightarrow & \approx 16,13 \text{ km} \\ 45 \text{ Liter} & \rightarrow & \mathbf{725,85 \text{ km}} \end{array}\right) \begin{array}{l} :6,2 \\ \\ \cdot 45 \end{array}$$

Mit einer Tankfüllung kann man ungefähr 726 km weit fahren.

2. ✏ **Hinweis:** Frau Kerner erhält 20 % Rabatt, also muss sie noch 80 % des
   ✏ ursprünglichen Preises bezahlen.

$$P = \frac{G \cdot p}{100}$$

$$P = \frac{36,85 \text{ €} \cdot 80}{100}$$

$$P = 29,48 \text{ €}$$

$$3 \cdot 29,48 \text{ €} = \mathbf{88,44 \text{ €}}$$

✏ **Hinweis:** Du kannst auch zuerst die Gesamtsumme ausrechnen und dann
✏ davon den Rabatt abziehen.

✏ $3 \cdot 36,85 \text{ €} = 110,55 \text{ €}$

✏ $$P = \frac{110,55 \text{ €} \cdot 80}{100}$$

✏ $P = 88,44 \text{ €}$

Frau Kerner muss 88,44 € für 3 Eimer Innenfarbe bezahlen.

3. a) ✏ **Hinweis:** Ein Dreieck ist die obere Grundfläche, das andere Dreieck ist
   ✏ die untere Grundfläche. Die 3 Rechtecke bilden den Mantel.

   Beim Zusammenkleben des Netzes entsteht ein **Prisma mit dreieckiger Grundfläche.**

   b) ✏ **Hinweis:** Die Oberfläche setzt sich aus der Mantelfläche sowie 2-mal
   ✏ der Grundfläche zusammen. Rechne Schritt für Schritt.
   ✏ Zeichne die Höhe im Dreieck ein und miss sie aus. Du kannst dir auch
   ✏ alle notwendigen Maße in der Zeichnung notieren.

   $g = 3,4 \text{ cm}$
   $h = 2,9 \text{ cm}$

$$G = \frac{g \cdot h}{2}$$

$$G = \frac{3,4 \text{ cm} \cdot 2,9 \text{ cm}}{2}$$

$$G = 4,93 \text{ cm}^2$$

$u = 10,2 \text{ cm}$

$h_k = 7,6 \text{ cm}$

$M = u \cdot h_k$

$M = 10,2 \text{ cm} \cdot 7,6 \text{ cm}$

$M = 77,52 \text{ cm}^2$

$O = 2 \cdot G + M$

$O = 2 \cdot 4,93 \text{ cm}^2 + 77,52 \text{ cm}^2$

$O = 87,38 \text{ cm}^2$

Die Oberfläche beträgt 87,38 cm².

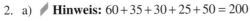

c) $V = G \cdot h_k$

$V = 4,93 \text{ cm}^2 \cdot 7,6 \text{ cm}$

$V \approx 37,47 \text{ cm}^3$

Das Volumen beträgt 37,47 cm³.

2. a) ✏ **Hinweis:** $60 + 35 + 30 + 25 + 50 = 200$

Insgesamt haben **200 Schülerinnen und Schüler** eine AG gewählt.

b) ✏ **Hinweis:** Die 1. Säule reicht bis zur Zahl 60, es ist also die Fußball-AG
✏ dargestellt. Beachte: Die Reihenfolge der vorgegebenen Säulen ent-
✏ spricht nicht der Reihenfolge in der Tabelle.

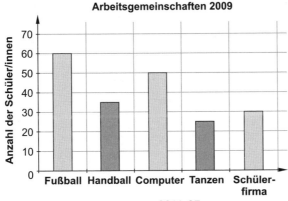

c) **Hinweis:** 95 Schülerinnen und Schüler haben insgesamt Ballsportarten gewählt.

$$p = \frac{P \cdot 100}{G}$$

$$p = \frac{95 \text{ Schüler} \cdot 100}{200 \text{ Schüler}}$$

p % = 47,5 %

Hinweis: Du kannst auch mit dem Dreisatz rechnen:

$$
\begin{array}{l}
: 200 \\
\cdot 95
\end{array}
\left(
\begin{array}{l}
\left(
\begin{array}{rcl}
200 \text{ Schüler} & \to & 100 \,\% \\
1 \text{ Schüler} & \to & 0,5 \,\% \\
95 \text{ Schüler} & \to & 47,5 \,\%
\end{array}
\right)
\end{array}
\right)
\begin{array}{l}
: 200 \\
\cdot 95
\end{array}
$$

Insgesamt haben 47,5 % der Schülerinnen und Schüler Ballsportarten gewählt.

d) **Hinweis:** $\frac{1}{4}$ des Kreises entspricht der Computer AG.

$$\frac{1}{4} = \frac{25}{100} = 25 \,\%$$

Ungefähr **25 %** der Schülerinnen und Schüler haben die Computer AG gewählt.

e) **Hinweis:** G = 250 Schülerinnen und Schüler

$$P = G \cdot \frac{p}{100}$$

$$P = 250 \text{ Schüler} \cdot \frac{20}{100}$$

P = 50 Schüler

Hinweis: Da es sich um eine proportionale Zuordnung handelt, kannst du auch rechnen:

$$
:5 \left(
\begin{array}{rcl}
100 \,\% & \to & 250 \text{ Schüler} \\
20 \,\% & \to & 50 \text{ Schüler}
\end{array}
\right) :5
$$

50 Schülerinnen und Schüler wollen Handball spielen.

5. a) ✎ **Hinweis:** 1 von 9 Karten ist die „5".
   Die Wahrscheinlichkeit beträgt $\frac{1}{9}$.

   b) ✎ **Hinweis:** 2 von 9 Karten sind die „2".
   Die Wahrscheinlichkeit beträgt $\frac{2}{9}$.

   c) ✎ **Hinweis:** Es gibt keine „9".
   Die Wahrscheinlichkeit beträgt $\frac{0}{9} = 0$.

   d) ✎ **Hinweis:** Auf 4 von 9 Karten steht eine Zahl, die „kleiner als 3" ist.
   Die Wahrscheinlichkeit beträgt $\frac{4}{9}$.

6. a) ✎ **Hinweis:** Bedenke, dass du die Puzzleteile auch drehen kannst.

   Lösung A: Lösung B: Lösung C:

   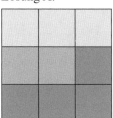   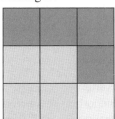   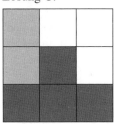

   ✎ **Hinweis:** Es gibt viele andere Lösungen, beispielsweise:

   b) ✎ **Hinweis:** Insgesamt gibt es 9 Felder.
   ✎ $2 \cdot 4 = 8$
   ✎ $3 \cdot 4 = 12$

   Die Aussage **stimmt nicht**.
   Wenn man 2 Vierer benutzt, ist nur noch 1 Feld frei.

   c) ✎ **Hinweis:** Beachte: Du darfst nur 3 Puzzleteile benutzen.

   Die Aussage **stimmt**.
   Wenn man einen Zweier benutzt, bleiben noch 7 Felder frei.
   Da aber insgesamt nur 3 Puzzleteile benutzt werden dürfen, müssen es ein
   Dreier und ein Vierer sein.

1. a) ✏ **Hinweis:** Zeichne mit einem angespitzten Bleistift.

b) ✏ **Hinweis:** Wenn du alle drei Winkel gemessen hast, überprüfe, ob die
✏ Summe 180° ergibt.

$\alpha_{(\text{Bad Nenndorf})} = \mathbf{36°}$
$\beta_{(\text{Hildesheim})} = \mathbf{33°}$
$\gamma_{(\text{Hannover})} = \mathbf{111°}$

c) Entfernung auf der Karte:
Hannover – Bad Nenndorf   → **4,5 cm**
Hildesheim – Bad Nenndorf   → **7,7 cm**

✏ **Hinweis:** Da du weißt, wie weit Hannover und Hildesheim in Wirk-
✏ lichkeit auseinander liegen (28,5 km), musst du nur ausmessen, wie
✏ weit die beiden Städte auf der Karte auseinander sind (4,8 cm).
✏ Dann kannst du bestimmen, wie viele Kilometer 1 cm auf der Karte
✏ entsprechen.

Entfernung in der Wirklichkeit:

$:4,8 \left(\begin{array}{rcl} 4,8\,\text{cm} & \to & 28,5\,\text{km} \\ 1\,\text{cm} & \to & \approx 5,94\,\text{km} \end{array} \right) :4,8$

Hannover – Bad Nenndorf:

$\cdot 4,5 \left(\begin{array}{rcl} 1\,\text{cm} & \to & 5,94\,\text{km} \\ 4,5\,\text{cm} & \to & \mathbf{26,73\,km} \end{array} \right) \cdot 4,5$

Hildesheim – Bad Nenndorf:

$\cdot 7,7 \left(\begin{array}{rcl} 1\,\text{cm} & \to & 5,94\,\text{km} \\ 7,7\,\text{cm} & \to & \approx \mathbf{45,74\,km} \end{array} \right) \cdot 7,7$

d) Die Signale **können in Hannover empfangen werden**, weil die Entfernung von Hannover bis Pattensen geringer ist als von Pattensen bis Hildesheim.
Die Entfernung bis Bad Nenndorf ist sehr viel größer, daher können die Signale **Bad Nenndorf nicht erreichen**.

/ **Hinweis:** Du kannst auch einen Kreis (Sendekreis der Funkstation)
/ zeichnen: Pattensen ist der Mittelpunkt, die Entfernung von Pattensen
/ nach Hildesheim entspricht dem Radius. Du siehst dann, dass Hanno-
/ ver im Sendekreis liegt und Bad Nenndorf außerhalb des Sendekreises.

2. a) / **Hinweis:** Mache dir zuerst eine Skizze und trage die bekannten Werte
/ ein.

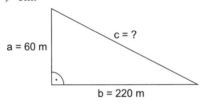

/ **Hinweis:** Rechne mit dem Satz des Pythagoras: $a^2 + b^2 = c^2$

$(60 \text{ m})^2 + (220 \text{ m})^2 = c^2$

$$\sqrt{52\,000 \text{ m}^2} = c$$

$$\mathbf{228,04 \text{ m} \approx c}$$

Die Länge des Tragseils A beträgt 228,04 m.

b)

/ **Hinweis:** Rechne auch hier mit dem Satz des Pythagoras.
/ Da die Hypotenuse bekannt ist, lautet die Formel: $b^2 = c^2 - a^2$

$b^2 = (150 \text{ m})^2 - (60 \text{ m})^2$

$b = \sqrt{18\,900 \text{ m}^2}$

$$\mathbf{b \approx 137,48 \text{ m}}$$

Die Entfernung beträgt 137,48 m.

c) ✏ **Hinweis:** Um die Masse zu berechnen, musst du das Volumen der
Zylinder mit der Dichte von Stahl multiplizieren.

$V = G \cdot h_k$

$V = \pi \cdot r^2 \cdot h_k$

$V = \pi \cdot (0{,}10 \text{ m})^2 \cdot 1\,875 \text{ m}$

$V \approx 58{,}90 \text{ m}^3$

$m = 58{,}90 \text{ m}^3 \cdot 7{,}87 \dfrac{\text{t}}{\text{m}^3}$

m ≈ 463,54 t

Alle Tragseile zusammen sind 463,54 t schwer.

3. a) ✏ **Hinweis:** Beachte: Eine Stunde hat 60 Minuten.
✏ Von 7:25 Uhr bis 8:00 Uhr sind es 35 Minuten.

Die Fahrt vom Bahnhof „Wernigerode" bis zum Bahnhof „Drei Annen
Hohne" dauert **38 Minuten**.

b) ✏ **Hinweis:** Wernigerode liegt 234 m über NN, der Brockenbahnhof liegt
✏ 1 125 m über NN.

$1\,125 \text{ m} - 234 \text{ m} = \mathbf{891\ m}$

Es muss ein Höhenunterschied von 891 m überwunden werden.

c) ✏ **Hinweis:** Geschwindigkeit $= \dfrac{\text{Strecke}}{\text{Zeitdauer}}$
✏ Da die Geschwindigkeit in $\frac{\text{km}}{\text{h}}$ angegeben wird, musst du die
✏ 38 Minuten durch 60 dividieren, denn 1 h = 60 min.

Strecke $= 15 \text{ km}$

Zeitdauer $= 38 \text{ min}$

$v = \dfrac{15}{38:60} \dfrac{\text{km}}{\text{h}}$

$\mathbf{v \approx 23{,}68 \dfrac{km}{h}}$

Die Durchschnittsgeschwindigkeit beträgt $23{,}68 \frac{\text{km}}{\text{h}}$.

d) ✏ **Hinweis:** Das gesamte Streckennetz ist 132 km lang.
✏ $132 \text{ km} - 19 \text{ km} - 60{,}5 \text{ km} = 52{,}5 \text{ km}$

Brockenbahn $\rightarrow$ 19 km
Harzquerbahn $\rightarrow$ 60,5 km
Selketalbahn $\rightarrow$ 52,5 km

Hinweis: Beachte: Die Harzquerbahn ist 60,5 km lang. Die Säule darf also nur minimal über 60 km reichen.

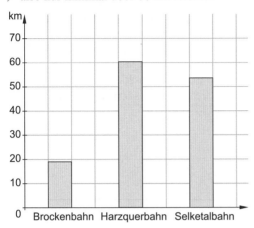

4. a) **Hinweis:** Bei dem Körper handelt es sich um einen Quader.

$1\,000\ \text{cm}^3 = 1\ \text{dm}^3 = 1\ \ell$

$V = a \cdot b \cdot c$

$V = 25\ \text{cm} \cdot 16\ \text{cm} \cdot 50\ \text{cm}$

$V = 20\,000\ \text{cm}^3$

$\mathbf{V = 20\ dm^3 = 20\ \ell}$

Es befinden sich 20 Liter Wasser im Kanister.

b) **Hinweis:** Es gibt viele Lösungen. Wichtig ist, dass dein Graph über dem gegebenen Graphen liegt, da bei schnellerem Wasserzulauf weniger Zeit für dieselbe Füllhöhe benötigt wird.

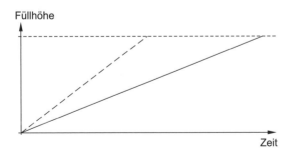

c) 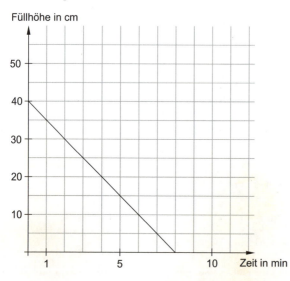 **Hinweis:** Beachte: Im Kanister befindet sich immer weniger Wasser.

Zeit in Minuten	0	1	2	3	4	5	6	7	8
Füllhöhe in cm	40	35	30	25	20	15	10	5	0

Hinweis: Das Wasser steht zu Beginn 40 cm hoch. Zu diesem Zeitpunkt ist noch keine einzige Minute vergangen.
Wenn 1 Minute vergangen ist, steht das Wasser nur noch 35 cm hoch.
Nach 8 Minuten befindet sich kein Wasser mehr im Kanister.
Der Graph endet also auf der x-Achse.

Füllhöhe in cm

Kurs A + B – Allgemeiner Teil

Punkte

1. Ordne die Zahlen der Zahlengeraden zu. 3

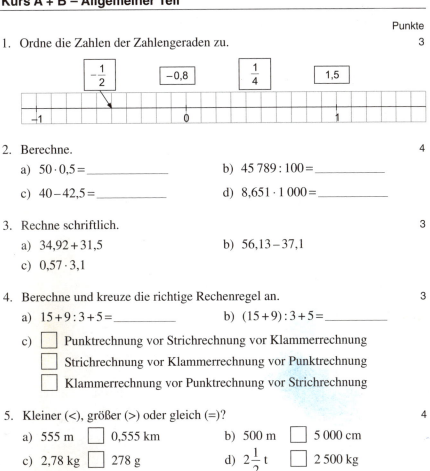

2. Berechne. 4

a) $50 \cdot 0,5 =$ _____

b) $45\,789 : 100 =$ _____

c) $40 - 42,5 =$ _____

d) $8,651 \cdot 1\,000 =$ _____

3. Rechne schriftlich. 3

a) $34,92 + 31,5$

b) $56,13 - 37,1$

c) $0,57 \cdot 3,1$

4. Berechne und kreuze die richtige Rechenregel an. 3

a) $15 + 9 : 3 + 5 =$ _____

b) $(15 + 9) : 3 + 5 =$ _____

c) ☐ Punktrechnung vor Strichrechnung vor Klammerrechnung

☐ Strichrechnung vor Klammerrechnung vor Punktrechnung

☐ Klammerrechnung vor Punktrechnung vor Strichrechnung

5. Kleiner (<), größer (>) oder gleich (=)? 4

a) 555 m ☐ $0,555$ km

b) 500 m ☐ $5\,000$ cm

c) $2,78$ kg ☐ 278 g

d) $2\frac{1}{2}$ t ☐ $2\,500$ kg

6. Proportional (p), antiproportional (a) oder keines von beiden (k)?   3
   Kreuze an:

                                                               p   a   k

   a) 2 Türen kosten 426 €. Wie teuer sind 7 Türen?   ☐☐☐

   b) 3 Lkw müssen je 4-mal fahren, um Steine zur Bau-   ☐☐☐
      stelle zu bringen. Wie viele Fahrten benötigen 2 Lkw?

   c) Morgens wird eine Temperatur von 12 °C gemessen.   ☐☐☐
      Wie hoch ist die Temperatur 4 Stunden später?

7. Ist die Aussage wahr oder falsch?   3
   Kreuze an:

                                           wahr   falsch

   a) Das Rechteck hat 4 rechte Winkel.   ☐   ☐

   b) Das gleichseitige Dreieck hat mindestens einen   ☐   ☐
      rechten Winkel.

   c) Die Winkelsumme im Dreieck beträgt 180°.   ☐   ☐

8. Zeichne a) ein Rechteck und b) ein Dreieck mit dem gleichen   2
   Flächeninhalt wie die vorgegebene Fläche.

9. Der Auszubildende zeichnet im Sportgeschäft Sonderangebote aus.   3
   Trage die neuen Preise ein.

   a) Football   b) Inliner   c) Tischtennisschläger

50 % günstiger	Preisnachlass 99 €	$\frac{1}{4}$ günstiger

Alter Preis:	44 €	Alter Preis:	240 €	Alter Preis:	24 €
Neuer Preis:	€	Neuer Preis:	€	Neuer Preis:	€

Beachte:
- Alle Rechenwege müssen klar und übersichtlich aufgeschrieben werden.
- Runde jedes Ergebnis auf 2 Stellen hinter dem Komma.

Punkte

Aufgabe 1

Der Fahrplan des IC 2435 von Norddeich nach Hannover:

Bahnhof/Haltestelle	Ankunft	Abfahrt
Norddeich		15:42
Norden	15:47	15:49
Emden	16:16	16:19
Leer	16:38	16:41
Oldenburg		17:35
Delmenhorst	17:51	17:53
Bremen	18:01	18:09
Nienburg	18:26	18:29
Hannover	19:14	

a) Gib die Abfahrtszeit des Zuges in Norddeich an.   1

b) Berechne die Reisezeit von Norddeich bis Hannover.   1

c) Der Zug benötigt von Norddeich bis Oldenburg 1 Stunde 48 Minuten.   1
   Gib die Ankunftszeit in Oldenburg an.

d) Herr Müller steigt in Oldenburg in den Zug, um nach Hannover zu   1
   reisen.
   Berechne die Zeit, die er sparen könnte, wenn der Zug nicht mehr an
   den Bahnhöfen Delmenhorst, Bremen und Nienburg anhalten würde.

Aufgabe 2

Juliane und Peter bekommen für einen Ferienjob je 680 € ausgezahlt.
Beide wollen ihren Führerschein machen und dann einen Roller kaufen.

a) Wie viel Geld hat Juliane nach einem Jahr auf   2
   dem Konto, wenn sie das Geld zu 2,4 % Zinsen
   anlegt?

   Antwort: Juliane hat nach einem Jahr _____ €
   auf dem Konto.

© sxc.hu

b) Peter will seinen Führerschein schon früher machen. Wie viel Geld hat er nach 8 Monaten auf dem Konto, wenn er es zu 2 % Zinsen anlegt?   3

Antwort: Peter hat nach den 8 Monaten _____ € für den Roller-kauf zur Verfügung.

Aufgabe 3

Wenn ich mein Taschengeld 10 Monate spare und mir neue Sportschuhe für 125 € kaufe, habe ich noch 15 € übrig.

a) Berechne, wie viel Taschengeld Lisa im Monat bekommt, und setze in den Antwortsatz ein.   3

Antwort: Lisa bekommt _____ € Taschengeld im Monat.

b) Welche Gleichung passt zur Aussage? Kreuze an.   1

☐ $10 + 125x = 15$

☐ $10x + 15 = 125$

☐ $10x - 125 = 15$

c) Löse die Gleichung: 3
$5x + 60 - 3x - 70 = 22$

Aufgabe 4

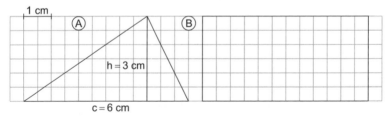

a) Berechne den Flächeninhalt von Dreieck A.   3

b) Peter behauptet, der Flächeninhalt des Dreiecks ist nur halb so groß, wie der des Rechtecks. Hat er recht? Kreuze an.   1

☐ Ja   ☐ Nein

c) Begründe.   1

Aufgabe 5

Tennisbälle haben einen Durchmesser von 6,8 cm.
Jeweils 3 Bälle werden in einer Schachtel so verpackt, dass sie genau
nebeneinanderliegen und die Kartonwände berühren.

a) Ergänze das fehlende Maß in der Skizze.   1

b) Berechne das Volumen der Schachtel.   3

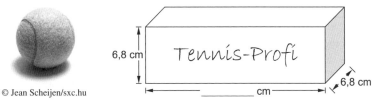

© Jean Scheijen/sxc.hu

Aufgabe 6

Der Lageplan zeigt Katis Haus, die Schule und einen Bäcker. Kati wohnt
in der Buchenstraße. Die Schule liegt in der Ahornstraße und der Bäcker
befindet sich an der Kreuzung der beiden Straßen. Es gibt auch einen Weg
durch den Wald, der direkt von Katis Haus zur Schule führt.

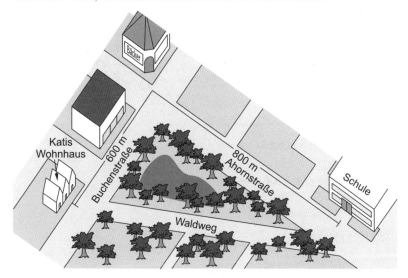

2012-5

a) Beschrifte die fehlenden Längen in der Skizze.　　2

a = _____ m

b = _____ m

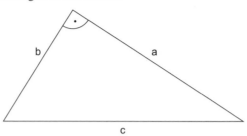

b) Morgens hat Kati Zeit und kauft sich ein Brötchen beim Bäcker.　　1
Berechne die Länge ihres Schulweges am Morgen.

c) Nachmittags geht Kati direkt durch den Wald. Berechne die Länge　　2
des Waldweges!

d) Berechne, um wie viel Meter der Weg am Nachmittag kürzer ist.　　1
(Wenn du Aufgabe c nicht lösen konntest, rechne mit c = 980 m
weiter.)

Aufgabe 7

Ein Glücksrad zeigt die Farben „Weiß", „Grau"
und „Schwarz".

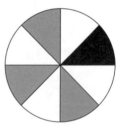

a) Ergänze die fehlenden Werte in der Tabelle.　　2

Farbe	Wahrscheinlichkeit
„Grau"	
„Grau oder Weiß"	

b) Kreuze an, ob die folgenden Aussagen wahr　　2
oder falsch sind:

Die Wahrscheinlichkeit, dass „Weiß" gewinnt, ist
genauso groß wie die Wahrscheinlichkeit, dass „Grau
oder Schwarz" gewinnen.

Die Wahrscheinlichkeit, dass zweimal hintereinander
„Schwarz" gewinnt, ist $\frac{1}{4}$.

c) Belege rechnerisch, dass die Wahrscheinlichkeit, „Schwarz", „Weiß"　　1
oder „Grau" zu ziehen, 1 ist.

Wahlaufgabe 1

Die Heinrich-Heine-Schule soll Mittags-
verpflegung bekommen. In der Schule
herrscht Uneinigkeit darüber, ob es
• eine Mensa mit warmen Essen
• eine Cafeteria mit belegten Brötchen
• ein Verpflegungsautomat
sein soll.

STIMMZETTEL

❑ Mensa
❑ Cafeteria
❑ Verpflegungsautomat
❑ keine Verpflegung nötig

Du hast nur **eine** Stimme!

Deshalb wird eine Umfrage unter den 540 Schülerinnen und Schülern ge-
startet. Die Auszählung hat folgendes Ergebnis:

	Anzahl der Stimmen	Anzahl der Stimmen in %
Mensa	260	
Cafeteria		
Verpflegungsautomat	75	
keine Verpflegung nötig	15	
Gesamtzahl der abgegebenen Stimmen	500	

a) Vervollständige die Tabelle. 3

b) Für die Auswertungsveranstaltung in der Aula soll ein Diagramm die 4
Ergebnisse übersichtlich darstellen.
Erstelle dafür ein Diagramm und beschrifte es!

c) Von den insgesamt 540 wahlberechtigten Schülerinnen und Schülern 1
haben 40 keine Stimme abgegeben.
Gib die Anzahl der Nichtwähler in Prozent an.

Antwort: _____ % der Schülerinnen und Schüler haben nicht
gewählt.

d) Der Schulleiter und die Schülersprecherin kommentieren das Ergebnis. 2
Schulleiter: „Die meisten Schülerinnen und Schüler sind
gegen die Einrichtung einer Mensa!"
Schülersprecherin: „Die meisten Schülerinnen und Schüler sind
für die Einrichtung einer Mensa."
Wie kommen der Schulleiter und die Schülersprecherin zu ihren Aussagen? Begründe.

Wahlaufgabe 2

Für den Bau eines Drachens benötigt man
zwei Holzleisten, die zu einem Kreuz gebunden werden. Um das Holzkreuz spannt man
einen Bindfaden (siehe Foto).
Darauf wird dann Pergamentpapier geklebt.

Eine Bastelanleitung gibt an, dass die Holzleisten 1,30 m und 0,80 m lang sein sollen.

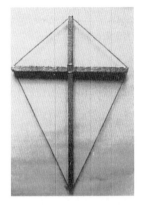

a) Vervollständige die Maßangaben der Teilstücke.   2

a = 40 cm
b = 30 cm
e = _____
d = _____
f = 107,7 cm

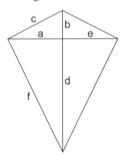

(Achtung: Die Zeich-
nung ist nicht maß-
stabsgetreu.)

b) Berechne die Länge des Teilstückes c.   2

c) Wie lang muss der Bindfaden sein, wenn man 20 cm zusätzlich für   2
den Knoten braucht?
(Wenn du die Seitenlänge c des Drachens nicht bestimmen konntest,
rechne mit c = 48 cm weiter.)

d) Berechne den genauen Flächeninhalt der Papierfläche (ohne Klebe-   2
überstand).

e) Entscheide, ob man aus einem rechteckigen Bogen Papier mit dem   2
Flächeninhalt 6 000 cm² die Drachenfläche aus einem Stück aus-
schneiden kann. Kreuze an und begründe.

☐ Ja   ☐ Nein

Wahlaufgabe 3

Der Weser-Radweg gehört zu den schönsten Radrouten Deutschlands.
Die Klasse 8 a will den Weser-Radweg von Bremen
nach Hannoversch Münden fahren.

Vorschlag für die Tagesetappen:

Weser-Radweg

Gesamtlänge der Strecke: **342 km**		
1. Tag	Bremen bis Verden	40 km
2. Tag	Verden bis Nienburg	
3. Tag	Nienburg bis Minden	50 km
4. Tag	Minden bis Rinteln	40 km
5. Tag	Rinteln bis Bodenwerder	52 km
6. Tag	Bodenwerder bis Beverungen	53 km
7. Tag	Beverungen bis Hannoversch Münden	56 km

a) Ergänze in der Tabelle den fehlenden Wert.   2

b) Am 5. Tag soll die Strecke von Rinteln bis Bodenwerder in 5 Stunden   3
bewältigt werden.
Dabei sind zwei Pausen von je 30 Minuten mit eingeplant.
Berechne die Durchschnittsgeschwindigkeit, mit der die Gruppe
fahren muss.

c) Kreuze das passende Weg-Zeit-Diagramm zu der Planung des 5. Tages   1
an (siehe Aufgabe b).

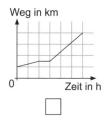

d) Berechne, wie lange ein Rennrad-Profi für die gesamte Strecke von   2
Bremen nach Hannoversch Münden benötigen würde, wenn er mit
einer Durchschnittsgeschwindigkeit von 38 km/h fahren würde.

e) Zwei Jungen aus der Klasse diskutieren, ob man die Strecke in sechs   2
   Tagen fahren sollte:

   Jakob: „Ich finde, wir können auch in sechs Tagen fahren.“

   Paul: „Dann sind die Etappen ja noch länger. Ich fahre nicht
   mit, wenn die Strecke pro Tag länger als 60 km ist.“

   Kann Paul mitfahren? Begründe.

Wahlaufgabe 4

Für ein Gefäß mit Kugeln soll Folgendes gelten:

„Schwarz" wird mit einer Wahrscheinlichkeit von $\frac{1}{6}$ gezogen.

„Weiß" wird mit einer Wahrscheinlichkeit von $\frac{1}{3}$ gezogen.

„Grau" wird mit einer Wahrscheinlichkeit von $\frac{1}{2}$ gezogen.

a) Färbe die Kugeln in den angegebenen Farben.   3

b) Ergänze die Tabelle.   3

Ereignis	Wahrscheinlichkeit
Es wird „Grau oder Schwarz" gezogen.	
Es wird „Weiß oder Schwarz" gezogen.	
	$\frac{5}{6}$

c) Dem Glas oben werden 3 schwarze Kugeln und 1 weiße Kugel   2
   hinzugefügt.
   Berechne die neue Wahrscheinlichkeit.

Ereignis	Wahrscheinlichkeit
Es wird „Schwarz" gezogen.	
Es wird „Grau oder Weiß" gezogen.	

d) Peter behauptet: 2

   „Wenn ich dem Glas rechts weitere 2 Kugeln hinzufüge,
   ist die Wahrscheinlichkeit für „Schwarz" $\frac{1}{4}$ und für
   „Grau" $\frac{3}{8}$.“

   Färbe die beiden Kugeln, die Peter hinzufügt, in der
   richtigen Farbe.

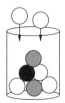

Kurs B – Hauptteil

Beachte:
- Alle Rechenwege müssen klar und übersichtlich aufgeschrieben werden.
- Runde jedes Ergebnis auf 2 Stellen hinter dem Komma.

Punkte

Aufgabe 1

Der Fahrplan des IC 2435 von Norddeich nach Hannover:

Bahnhof/Haltestelle	Ankunft	Abfahrt
Norddeich		15:42
Norden	15:47	15:49
Emden	16:16	16:19
Leer	16:38	16:41
Oldenburg	17:30	17:35
Delmenhorst	17:51	17:53
Bremen	18:01	18:09
Nienburg	18:26	18:29
Hannover	19:14	

a) Gib die Abfahrtszeit des Zuges in Norddeich an. 1

b) Berechne, wie lange der Zug in Emden steht. 1

c) Gib die Fahrzeit von Leer nach Oldenburg an. 1

d) Berechne die Reisezeit von Norddeich bis Hannover. 1

e) Berechne die Zeit, die der Zug insgesamt auf den Zwischenhalten in 1
den Bahnhöfen steht.

Aufgabe 2

Justin verdient bei einem Ferienjob 680 €. In einem Jahr möchte er einen
Roller kaufen.

a) Wie viel Zinsen bekommt er bei einem Zinssatz 2
von 2,5 % nach einem Jahr?

Antwort: Justin bekommt _____ €
Zinsen.

b) Wie hoch ist dann sein Kontostand? 1
(Wenn du Aufgabe a nicht rechnen konntest, rechne mit
10 € Zinsen weiter.)

Antwort: Justin hat nach einem Jahr _____ € auf dem Konto.

c) Wie viel Geld fehlt ihm, wenn der Roller 820 € kostet? 1

Antwort: Justin fehlen noch _____ €.

Aufgabe 3

Ich denke mir eine Zahl und multipliziere
diese mit 2, dann addiere ich 12.
Das Ergebnis ist 52.

a) Berechne die gedachte Zahl. 2

b) Welche Gleichung passt zur Aussage? Kreuze an. 1

☐ $12x + 2 = 52$

☐ $2x + 12 = 52$

☐ $2x - 12 = 52$

c) Löse die folgende Gleichung: 2
$6x - 44 = 16$

Aufgabe 4

a) Berechne den Flächeninhalt von Dreieck A. 3

1 cm

Ⓐ   Ⓑ

$h = 3$ cm

$c = 6$ cm

b) Kreuze an: wahr falsch 2

Der Flächeninhalt der beiden Dreiecke ist gleich groß, ☐ ☐
weil Höhe und Grundseite gleich lang sind.

Der Flächeninhalt der beiden Dreiecke ist gleich groß, ☐ ☐
weil ihre Seiten gleich lang sind.

Aufgabe 5

Tennisbälle haben einen Durchmesser von 7 cm.
Jeweils 3 Bälle werden in einer Schachtel so verpackt, dass sie direkt
nebeneinanderliegen und die Kartonwände berühren.

a) Ergänze das fehlende Maß in der Skizze.   1

b) Berechne das Volumen der Schachtel.   3

© Jean Scheijen/sxc.hu

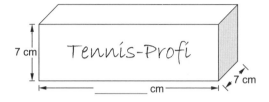

7 cm   Tennis-Profi   7 cm

|←————— _____ cm —————→|

Aufgabe 6

In der folgenden Zeichnung ist eine Gartenfläche dargestellt.

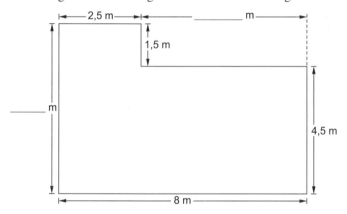

(Achtung: Die Zeichnung ist nicht maßstabsgetreu.)

a) Füge die fehlenden Maße in die Zeichnung ein.   2

b) Auf der gesamten Fläche soll Rasen eingesät werden.   3
   Wie groß ist die Rasenfläche?

c) Als Sichtschutz wird an den beiden längsten Seiten eine Hecke   2
   gepflanzt.
   Berechne die Gesamtlänge der Hecke.

2012-13

Aufgabe 7

Ein Glücksrad zeigt die Farben „Weiß", „Grau"
und „Schwarz".

a) Ergänze die fehlenden Werte in der Tabelle.   3

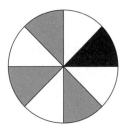

Farbe	Wahrscheinlichkeit
„Schwarz"	
„Grau"	
„Weiß"	

b) Kreuze an, ob die folgenden Aussagen wahr   3
   oder falsch sind:

	wahr	falsch

Es ist unmöglich, dass zweimal hintereinander
„Schwarz" gewinnt.   ☐ wahr   ☐ falsch

Die Wahrscheinlichkeit, dass „Weiß" gewinnt, ist
doppelt so hoch wie die Wahrscheinlichkeit, dass
„Grau" gewinnt.   ☐ wahr   ☐ falsch

Die Wahrscheinlichkeit, dass „Schwarz oder Grau"
gewinnt, ist genau so groß wie die Wahrscheinlichkeit, dass „Weiß" gewinnt.   ☐ wahr   ☐ falsch

Punkte

Wahlaufgabe 1

Die Heinrich-Heine-Schule soll Mittags-
verpflegung bekommen.
In der Schule herrscht Uneinigkeit darüber, ob es

- eine Mensa mit warmen Essen
- eine Cafeteria mit belegten Brötchen
- ein Verpflegungsautomat

sein soll.

STIMMZETTEL
❑ Mensa
❑ Cafeteria
❑ Verpflegungsautomat
❑ keine Verpflegung nötig
Du hast nur **eine** Stimme!

Deshalb wird eine Umfrage unter den Schülerinnen und Schülern gestar-
tet.
Die Auszählung hat folgendes Ergebnis:

	Anzahl der Stimmen	Anzahl der Stimmen in %
Mensa	90	
Cafeteria	64	
Verpflegungsautomat	28	14
keine Verpflegung nötig	18	
Gesamtzahl der abgegebenen Stimmen		100

a) Trage in die Tabelle ein, wie viele Stimmen insgesamt abgegeben   1
   wurden.

b) Vervollständige die zweite Tabellenspalte.   3
   Berechne dafür die fehlenden Prozentsätze.

c) Für die Auswertungsveranstaltung in der Aula soll ein Diagramm die   4
   Ergebnisse übersichtlich darstellen.
   Erstelle dafür ein Säulendiagramm und beschrifte es!
   1 cm soll 10 Stimmen entsprechen.

d) Von den insgesamt 220 wahlberechtigten Schülerinnen und Schülern   2
   haben einige keine Stimme abgegeben.
   Berechne die Anzahl der Nichtwähler und gib sie auch in Prozent an.

   Antwort: Es waren _____ Nichtwähler, das entspricht _____ %.

Wahlaufgabe 2

Für den Bau eines Drachens benötigt man zwei Holzleisten, die zu einem Kreuz gebunden werden. Um das Holzkreuz spannt man einen Bindfaden (siehe Foto).
Darauf wird dann Pergamentpapier geklebt.
Eine Bastelanleitung gibt an, dass die Holzleisten 1,30 m und 0,80 m lang sein sollen.

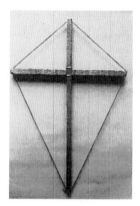

a) Vervollständige die Maßangaben der Teilstücke.   2

$a = 40$ cm
$b = 30$ cm
$e =$ _____
$d =$ _____
$f = 107,7$ cm

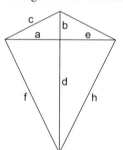

(Achtung: Die Zeichnung ist nicht maßstabsgetreu.)

b) Berechne die Länge des Teilstückes c. Nutze den Satz des Pythagoras.   2

c) Berechne den Umfang des Drachens.   2
(Wenn du die Seitenlänge c des Drachens nicht bestimmen konntest, rechne mit $c = 48$ cm weiter.)

d) Kreuze an, ob die Aussagen zum oben abgebildeten Drachen wahr oder falsch sind: 4

	wahr	falsch
Das Teilstück a ist gleich lang mit dem Teilstück e.	☐	☐
Die Seiten c und h liegen parallel zueinander.	☐	☐
Der Drachen hat zwei Symmetrieachsen.	☐	☐
Die Diagonalen im Drachen stehen senkrecht aufeinander.	☐	☐

Wahlaufgabe 3

Der Weser-Radweg gehört zu den schönsten Radrouten Deutschlands. Die Klasse 8 a will den Weser-Radweg von Bremen nach Hannoversch Münden fahren.

Vorschlag für die Tagesetappen:

Weser-Radweg

Tagesetappen		
1. Tag	Bremen bis Verden	40 km
2. Tag	Verden bis Nienburg	51 km
3. Tag	Nienburg bis Minden	50 km
4. Tag	Minden bis Rinteln	40 km
5. Tag	Rinteln bis Bodenwerder	52 km
6. Tag	Bodenwerder bis Beverungen	53 km
7. Tag	Beverungen bis Hannoversch Münden	56 km
Gesamtstrecke **Bremen bis Hannoversch Münden**		

a) Trage die Länge der Gesamtstrecke in die Tabelle ein.   1

b) Die reine Fahrzeit ohne Pausen beträgt am 5. Tag für die Strecke von Rinteln bis Bodenwerder 4 Stunden.
Berechne die Durchschnittsgeschwindigkeit, mit der die Gruppe fahren muss.   2

c) Zur reinen Fahrzeit von 4 Stunden kommen am 5. Tag zwei Pausen von je 45 Minuten dazu. Trage die geplante Ankunftszeit in die Tabelle ein: 2

	Etappe	Abfahrt	Ankunft
5. Tag	Rinteln bis Bodenwerder	8.30 Uhr	

d) Kreuze das passende Weg-Zeit-Diagramm zur Planung des 5. Tages aus Aufgabe c an.   1

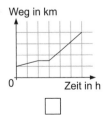

2012-17

e) Du hast dich für ein Diagramm entschieden. Kreuze an, ob es sich um wahre oder falsche Aussagen handelt.   4

	wahr	falsch
Es müssen zwei waagerechte Linien zu sehen sein, die die Pausen markieren.	☐	☐
Waagerechte und ansteigende Linien wechseln sich ab, weil das Gelände mal steiler, mal weniger steil ist.	☐	☐
Es müssen drei Steigungen in dem Diagramm zu sehen sein. Sie markieren, dass die Gruppe an diesem Tag die Fahrtstrecke in drei Abschnitte aufteilt.	☐	☐
Die erste Linie im Diagramm beginnt nicht am 0-Punkt, weil Rinteln 56 m über dem Meeresspiegel liegt.	☐	☐

Wahlaufgabe 4

Für ein Gefäß mit Kugeln soll Folgendes gelten:

„Schwarz" wird mit einer Wahrscheinlichkeit von $\frac{1}{6}$ gezogen.

„Weiß" wird mit einer Wahrscheinlichkeit von $\frac{2}{6}$ gezogen.

„Grau" wird mit einer Wahrscheinlichkeit von $\frac{3}{6}$ gezogen.

a) Färbe die Kugeln passend zu den angegebenen Wahrscheinlichkeiten in den Farben „Schwarz", „Weiß" und „Grau".   3

b) Eine Kugel wird gezogen. Sind die Aussagen dann wahr oder falsch? Kreuze an.   2

	wahr	falsch
Es ist sicher, dass „Schwarz" gezogen wird.	☐	☐
Die Wahrscheinlichkeit, dass „Weiß oder Schwarz" gezogen wird, ist genauso hoch, wie die Wahrscheinlichkeit „Grau" zu ziehen.	☐	☐

c) Ergänze die Tabelle: 3

Ereignis	Wahrscheinlichkeit
Es wird „Grau oder Schwarz" gezogen.	
Es wird „Grau oder Weiß oder Schwarz" gezogen.	
Es wird „Rot" gezogen.	

d) Dem Glas oben werden 3 schwarze Kugeln und 1 weiße Kugel hinzu-   2
gefügt.
Vervollständige die Tabelle.

Ereignis	Wahrscheinlichkeit
Es wird „Schwarz" gezogen.	
Es wird „Grau" gezogen.	

Lösungen

Kurs A + B – Allgemeiner Teil

1. **Hinweis:** 1 Kästchen $\stackrel{\wedge}{=} 0{,}1$

   Für $-0{,}8$ musst du also von 0 aus 8 Kästchen nach links abzählen, für 1,5
   gehe von 0 aus 15 Kästchen nach rechts.

   $\dfrac{1}{4} = 0{,}25$

   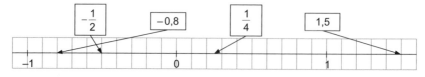

2. a) **Hinweis:** Rechne: $50 \cdot 5 = 250$. Dividiere dann durch 10.

   $50 \cdot 0{,}5 = \mathbf{25}$

   b) **Hinweis:** Zähle von rechts aus 2 Stellen ab und setze dort das Komma.

   $45\,789 : 100 = \mathbf{457{,}89}$

   c) **Hinweis:** Du erhältst ein negatives Ergebnis.

   $40 - 42{,}5 = \mathbf{-2{,}5}$

   d) **Hinweis:** Verschiebe das Komma um 3 Stellen nach rechts.

   $8{,}651 \cdot 1\,000 = \mathbf{8\,651}$

3. a) **Hinweis:** Du kannst die Zahlen übersichtlicher untereinander schreiben, wenn sie beide 2 Stellen hinter dem Komma haben. Also ergänze
   beim 2. Summanden die 0.

   $$\begin{array}{r} 34{,}92 \\ +\,31{,}50 \\ \hline \mathbf{66{,}42} \end{array}$$

   b) **Hinweis:** Mache zur Probe eine Überschlagsrechnung: $56 - 37 = 19$

   $$\begin{array}{r} 56{,}13 \\ -\,37{,}10 \\ \hline \mathbf{19{,}03} \end{array}$$

c) ✏ **Hinweis:** Da bei der 1. Zahl 2 Stellen hinter dem Komma vorhanden sind und bei der 2. Zahl eine Stelle, musst du im Ergebnis 3 Stellen hinter dem Komma haben.

$$\begin{array}{r} 0,57 \cdot 3,1 \\ \hline 171 \\ 57 \\ \hline \mathbf{1,767} \end{array}$$

4. a) ✏ **Hinweis:** Punktrechnung geht vor Strichrechnung, also rechne zuerst $9 : 3 = 3$.

$15 + 9 : 3 + 5 = 15 + 3 + 5 = \mathbf{23}$

b) ✏ **Hinweis:** Berechne zuerst, was in der Klammer steht.

$(15 + 9) : 3 + 5 = 24 : 3 + 5 = 8 + 5 = \mathbf{13}$

c) ☐ Punktrechnung vor Strichrechnung vor Klammerrechnung

☐ Strichrechnung vor Klammerrechnung vor Punktrechnung

☒ Klammerrechnung vor Punktrechnung vor Strichrechnung

5. a) ✏ **Hinweis:** 1 000 m = 1 km

555 m = 0,555 km

b) ✏ **Hinweis:** 500 m = 50 000 cm   50 m = 5 000 cm

500 m > 5 000 cm

c) ✏ **Hinweis:** 2,78 kg = 2 780 g   0,278 kg = 278 g

2,78 kg > 278 g

d) ✏ **Hinweis:** 1 t = 1 000 kg

$2\dfrac{1}{2}$ t = 2 500 kg

6. a) ✏ **Hinweis:** Je mehr Türen man kauft, desto mehr muss man dafür bezahlen.

proportionale Zuordnung

b) ✏ **Hinweis:** Je weniger Lkw eingesetzt werden, desto öfter müssen sie fahren.

antiproportionale Zuordnung

c) ✐ **Hinweis:** Die Temperatur steigt und fällt ganz unregelmäßig.
   keines von beiden

7. a) **wahr**

   b) ✐ **Hinweis:** Ein gleichseitiges Dreieck hat 3 gleiche Winkel. Jeder Winkel
      ✐ beträgt 60°.
      falsch

   c) **wahr**

8. ✐ **Hinweis:** Es gibt unterschiedliche Lösungen. Wichtig ist, dass das Recht-
   ✐ eck und das Dreieck aus 16 Kästchen bestehen.

   a)

   b)
   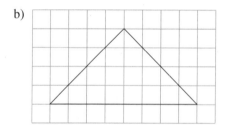

9. a) ✐ **Hinweis:** Der Football wird 50 % günstiger, d. h., er kostet nur noch die
      ✐ Hälfte.
      Neuer Preis: **22 €**

   b) ✐ **Hinweis:** 240 € – 99 € = 141 €
      Neuer Preis: **141 €**

   c) ✐ **Hinweis:** $\frac{1}{4}$ von 24 € = 6 €
      ✐ Die Tischtennisschläger werden um 6 € günstiger.
      Neuer Preis: **18 €**

1. a) **Hinweis:** Der Bahnhof Norddeich steht in der 1. Reihe nach der Überschrift, die Abfahrtszeit findest du in der 3. Spalte.

   Der Zug fährt in Norddeich um **15:42 Uhr** ab.

   b) **Hinweis:** Der Zug braucht von 15:42 Uhr bis 19:14 Uhr.
   Rechne Schritt für Schritt und addiere zum Schluss die Teilergebnisse.

   15:42 Uhr bis 16:00 Uhr   →   18 Minuten
   16:00 Uhr bis 19:00 Uhr   →   3 Stunden
   19:00 Uhr bis 19:14 Uhr   →   14 Minuten

   Die Reisezeit von Norddeich bis Hannover beträgt **3 Stunden
   32 Minuten**.

   c) **Hinweis:** Der Zug startet um 15:42 Uhr.
   48 Minuten kannst du in 18 Minuten + 30 Minuten zerlegen.

   15:42 Uhr + 1 Stunde   →   16:42 Uhr
   16:42 Uhr + 18 Minuten   →   17:00 Uhr
   17:00 Uhr + 30 Minuten   →   **17:30 Uhr**

   Der Zug kommt um 17:30 Uhr in Oldenburg an.

   d) **Hinweis:** In Delmenhorst hält der Zug 2 Minuten, in Bremen 8 Minuten und in Nienburg 3 Minuten.

   2 min + 8 min + 3 min = **13 min**

   Herr Müller könnte 13 Minuten sparen.

2. a) Vergiss am Ende nicht, die Zinsen zum Kapital zu addieren.

   $$Z = K \cdot \frac{p}{100} \cdot t$$

   $$Z = 680 \ € \cdot \frac{2,4}{100} \cdot 1$$

   $$Z = 16,32 \ €$$

   Hinweis: Du kannst auch mit dem Dreisatz rechnen:

   $$: 100 \ \left(\begin{array}{ccc} 100 \ \% & \to & 680 \ € \\ 1 \ \% & \to & 6,80 \ € \end{array} \right) : 100$$

   $$\cdot 2,4 \ \left(\ 2,4 \ \% \ \to \ 16,32 \ € \ \right) \cdot 2,4$$

   Antwort: Juliane hat nach einem Jahr **696,32 €** auf dem Konto.

b) **Hinweis:** Da die Zeit in Monaten angegeben ist, musst du durch 12 dividieren.

$$Z = K \cdot \frac{p}{100} \cdot \frac{t}{12}$$

$$Z = 680\ € \cdot \frac{2}{100} \cdot \frac{8}{12}$$

$$Z \approx 9,07\ €$$

Hinweis: Du kannst auch mit dem Dreisatz rechnen:

$$:50 \left(\begin{array}{ccc} 100\,\% & \to & 680\ € \\ 2\,\% & \to & 13,60\ € \end{array} \right) :50$$

Peter bekommt 13,60 € Zinsen in einem Jahr.

$$\begin{array}{c} :12 \\ \cdot 8 \end{array} \left(\begin{array}{ccc} 12\,\text{Monate} & \to & 13,60\ € \\ 1\,\text{Monat} & \to & \approx 1,13\ € \\ 8\,\text{Monate} & \to & 9,04\ € \end{array} \right) \begin{array}{c} :12 \\ \cdot 8 \end{array}$$

Antwort: Peter hat nach den 8 Monaten **689,07 €** für den Rollerkauf zur Verfügung.

3. a) **Hinweis:** Da du das monatliche Taschengeld nicht kennst, setze dafür x.

$$\begin{aligned} 10x - 125 &= 15 \qquad |+125 \\ 10x &= 140 \qquad |:10 \\ \mathbf{x} &= \mathbf{14} \end{aligned}$$

Hinweis: Du kannst auch rückwärts rechnen:
15 € + 125 € = 140 €
140 € : 10 = 14 €

Antwort: Lisa bekommt 14 € Taschengeld im Monat.

b) ☐ $10 + 125x = 15$

☐ $10x + 15 = 125$

☒ $10x - 125 = 15$

c) **Hinweis:** Fasse zuerst zusammen. Denke daran, dass du immer auf beiden Seiten der Gleichung dasselbe rechnest.

$$5x + 60 - 3x - 70 = 22$$
$$2x - 10 = 22 \quad | +10$$
$$2x = 32 \quad | : 2$$
$$\mathbf{x = 16}$$

4. a) **Hinweis:** Die Seite c ist bei diesem Dreieck die Grundseite g. Vergiss im Ergebnis nicht die Bezeichnung cm^2.

$$A = \frac{g \cdot h}{2}$$

$$A = \frac{6\,cm \cdot 3\,cm}{2}$$

$$\mathbf{A = 9\ cm^2}$$

Der Flächeninhalt beträgt 9 cm^2.

b) ☒ Ja ☐ Nein

c) **Hinweis:**

$$A_{Rechteck} = a \cdot b$$
$$A_{Rechteck} = 6\,cm \cdot 3\,cm$$
$$A_{Rechteck} = 18\,cm^2$$

9 cm^2 sind die Hälfte von 18 cm^2.

Das Dreieck und das Rechteck haben die gleiche Grundseite. Die Höhe des Dreiecks ist genauso groß wie die Seite b des Rechtecks. Der Flächeninhalt des Dreiecks ist also halb so groß wie der des Rechtecks.

Hinweis: Du kannst auch so argumentieren:

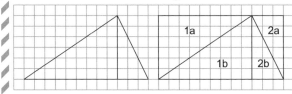

Die Flächen 1a, 1b, 2a und 2b ergeben das Rechteck, die Flächen 1b und 2b ergeben das Dreieck. Die Flächen 1a und 1b sowie die Flächen 2a und 2b sind jeweils gleich groß. Die Flächen 1b und 2b ergeben also zusammen die Hälfte der gesamten Fläche.

5. a) **Hinweis:** 3 Bälle benötigen eine Länge von $3 \cdot 6{,}8$ cm $= 20{,}4$ cm.

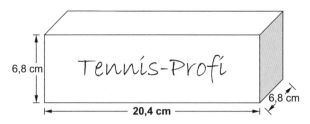

b) $V = a \cdot b \cdot c$
$V = 20{,}4$ cm $\cdot 6{,}8$ cm $\cdot 6{,}8$ cm
$V = 943{,}296$ cm$^3 \approx$ **943,3 cm^3**
Das Volumen beträgt $943{,}3$ cm^3.

6. a) **Hinweis:** a: Länge Ahornstraße (Bäcker – Schule)
   b: Länge Buchenstraße (Kati – Bäcker)
   $a =$ **800 m**
   $b =$ **600 m**

b) **Hinweis:** Kati geht zuerst entlang der Buchenstraße (600 m) zum
   Bäcker und dann entlang der Ahornstraße (800 m) bis zur Schule.
   600 m $+ 800$ m $=$ **1 400 m**
   Der Schulweg beträgt 1 400 m.

c) **Hinweis:** Du musst die Aufgabe mit dem Satz des Pythagoras lösen.
   Die Hypotenuse des Dreiecks ist gesucht.

$$a^2 + b^2 = c^2$$
$$(800 \text{ m})^2 + (600 \text{ m})^2 = c^2$$
$$640\,000 \text{ m}^2 + 360\,000 \text{ m}^2 = c^2$$
$$1\,000\,000 \text{ m}^2 = c^2$$
$$\sqrt{1\,000\,000 \text{ m}^2} = c$$
$$\textbf{1 000 m = c}$$

Der Waldweg ist 1 000 m lang.

d) $1\,400$ m $- 1\,000$ m $= 400$ m
   Der Weg am Nachmittag ist 400 m kürzer.

7. a) ✐ **Hinweis:** 3 Felder von 8 Feldern sind grau.
   ✐ Es gibt 3 graue und 4 weiße Felder. 7 von 8 Feldern sind also grau oder
   ✐ weiß.

Farbe	Wahrscheinlichkeit
„Grau"	$\dfrac{3}{8}$
„Grau oder Weiß"	$\dfrac{7}{8}$

b) ✐ **Hinweis:** Es gibt 4 weiße Felder. Die Anzahl der grauen und schwarzen
   ✐ Felder beträgt zusammen ebenfalls 4.

Aussage 1: **wahr**

✐ **Hinweis:** Die Wahrscheinlichkeit ist $\frac{1}{8} \cdot \frac{1}{8} = \frac{1}{64}$.

Aussage 2: **falsch**

c) ✐ **Hinweis:** Die Wahrscheinlichkeit für „Schwarz" beträgt $\frac{1}{8}$, für „Weiß"
   ✐ $\frac{4}{8}$ und für „Grau" $\frac{3}{8}$.

$$\frac{1}{8} + \frac{4}{8} + \frac{3}{8} = \frac{8}{8} = 1$$

Kurs A – Wahlaufgaben

1. a) ✐ **Hinweis:** Da 500 Stimmen abgegeben wurden, kannst du ausrechnen,
   ✐ wie viele Schülerinnen und Schüler sich für die Cafeteria entschieden
   ✐ haben.

	Anzahl der Stimmen	Anzahl der Stimmen in %
Mensa	260	**52**
Cafeteria	**150**	**30**
Verpflegungsautomat	75	**15**
keine Verpflegung nötig	15	**3**
Gesamtzahl der abgegebenen Stimmen	500	**100**

$500 - 260 - 75 - 15 = \mathbf{150}$

✐ **Hinweis:** Die Gesamtzahl der abgegebenen Stimmen ist der Grundwert
✐ (100 %).

$$\begin{array}{l}: 500 \\ \cdot 260 \\ \cdot 150 \\ \cdot 75 \\ \cdot 15 \end{array} \left(\begin{array}{rcl} 500 \text{ Stimmen} & \to & 100\,\% \\ 1 \text{ Stimme} & \to & 0,2\,\% \\ 260 \text{ Stimmen} & \to & 52\,\% \\ 150 \text{ Stimmen} & \to & 30\,\% \\ 75 \text{ Stimmen} & \to & 15\,\% \\ 15 \text{ Stimmen} & \to & 3\,\% \end{array} \right) \begin{array}{l} : 500 \\ \cdot 260 \\ \cdot 150 \\ \cdot 75 \\ \cdot 15 \end{array}$$

Hinweis: Du kannst auch mit der Formel rechnen:

$$p = \frac{P \cdot 100}{G}$$

$$p = \frac{260 \cdot 100}{500}$$

$$p\,\% = 52\,\%$$

b) **Hinweis:** Überlege dir, in welcher Einheit du zeichnen möchtest, z. B. 100 Schüler $\stackrel{\wedge}{=}$ 1 cm (oder 10 Schüler $\stackrel{\wedge}{=}$ 1 cm) und welche Art von Diagramm du verwenden willst (z. B. Balken-, Säulen-, Kreisdiagramm).

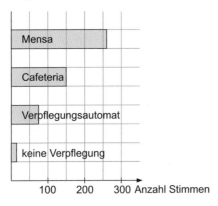

c) **Hinweis:** Bei dieser Aufgabe beträgt der Grundwert 540 Schülerinnen und Schüler, da die Gesamtzahl alle wahlberechtigten Schüler sind.

$$p = \frac{P \cdot 100}{G}$$

$$p = \frac{40 \cdot 100}{540}$$

$$\mathbf{p\,\% \approx 7,41\,\%}$$

Antwort: 7,41 % der Schülerinnen und Schüler haben nicht gewählt.

d) Der Schulleiter bezieht sich auf die Gesamtzahl der wahlberechtigten Schülerinnen und Schüler. 260 Stimmen für die Mensa sind weniger als die Hälfte aller Schülerinnen und Schüler.
Die Schülersprecherin bezieht sich auf die Summe aller abgegebenen Stimmen. 260 Stimmen für die Mensa sind mehr als die Hälfte von 500 Stimmen.

2. a) ✔ **Hinweis:** Das Teilstück e ist genauso lang wie das Teilstück a. Da die senkrechte Holzleiste 1,30 m lang ist und Teilstück b 30 cm misst, ist Teilstück d 100 cm (oder 1 m) lang.

   e = **40 cm**
   d = **100 cm**

b) ✔ **Hinweis:** Mache dir zunächst eine Skizze des Dreiecks und trage den rechten Winkel ein.
   Du musst die Aufgabe mit dem Satz des Pythagoras lösen. Die Hypotenuse ist gesucht.

$$a^2 + b^2 = c^2$$
$$(40\,\text{cm})^2 + (30\,\text{cm})^2 = c^2$$
$$1\,600\,\text{cm}^2 + 900\,\text{cm}^2 = c^2$$
$$2\,500\,\text{cm}^2 = c^2$$
$$\sqrt{2\,500\,\text{cm}^2} = c$$
$$\textbf{50\,cm = c}$$

   Teilstück c ist 50 cm lang.

c) ✔ **Hinweis:** Die Teilstücke c und f kommen jeweils zweimal vor.
   ✔ Vergiss nicht, die 20 cm für den Knoten zu addieren.

   $2 \cdot 50\,\text{cm} + 2 \cdot 107,7\,\text{cm} + 20\,\text{cm} = \textbf{335,4 cm}$

   Der Bindfaden muss 335,4 cm lang sein.

d) ✔ **Hinweis:** Zerlege die Flächen und berechne dann die Teilflächen.

   $$A_{\text{Dreieck}} = \frac{g \cdot h}{2}$$
   $$A_{\text{oben}} = \frac{80\,\text{cm} \cdot 30\,\text{cm}}{2}$$
   $$A_{\text{oben}} = 1\,200\,\text{cm}^2$$

$$A_{unten} = \frac{80 \text{ cm} \cdot 100 \text{ cm}}{2}$$

$$A_{unten} = 4\,000 \text{ cm}^2$$

$$A_{gesamt} = 1\,200 \text{ cm}^2 + 4\,000 \text{ cm}^2$$

$$\mathbf{A_{gesamt} = 5\,200 \text{ cm}^2}$$

Hinweis: Du kannst den Drachen auch von oben nach unten halbieren.

$$A = \frac{130 \text{ cm} \cdot 40 \text{ cm}}{2}$$

$$A = 2\,600 \text{ cm}^2$$

$$A_{gesamt} = 2\,600 \text{ cm}^2 \cdot 2$$

$$A_{gesamt} = 5\,200 \text{ cm}^2$$

Der gesamte Flächeninhalt beträgt 5 200 cm².

e) **Hinweis:** Mache dir am besten eine Skizze. Ein Bogen Papier mit 6 000 cm² kann beispielsweise 100 cm lang und 60 cm breit sein.

☐ Ja   ☒ Nein

Begründung:
Da der Drachen 130 cm lang und 80 cm breit ist, passt er nicht auf einen Bogen Papier mit dem Flächeninhalt von 6 000 cm², auch nicht wenn ich ihn etwas schräg auf das Papier lege.

3. a) **Hinweis:** Du kannst die Länge aller Etappen Schritt für Schritt von der Gesamtlänge subtrahieren oder du kannst alle Etappen addieren und dann die Summe von der Gesamtlänge subtrahieren:

342 km − (40 km + 50 km + 40 km + 52 km + 53 km + 56 km) = 51 km

Gesamtlänge der Strecke: 342 km		
1. Tag	Bremen bis Verden	40 km
2. Tag	Verden bis Nienburg	**51 km**
3. Tag	Nienburg bis Minden	50 km
4. Tag	Minden bis Rinteln	40 km
5. Tag	Rinteln bis Bodenwerder	52 km
6. Tag	Bodenwerder bis Beverungen	53 km
7. Tag	Beverungen bis Hannoversch Münden	56 km

b) **Hinweis:** Da die Gruppe 2 Pausen zu je 30 Minuten einlegt, beträgt die reine Fahrzeit 4 Stunden. Die Strecke beträgt 52 km.

$$\text{Geschwindigkeit} = \frac{\text{Weg}}{\text{Zeit}}$$

Reine Fahrzeit: 4 Stunden

$$v = \frac{52 \text{ km}}{4 \text{ h}}$$

$$v = 13 \, \frac{\text{km}}{\text{h}}$$

Die Gruppe muss mit einer Durchschnittsgeschwindigkeit von 13 $\frac{\text{km}}{\text{h}}$ fahren.

c) **Hinweis:** Die waagrechten Linien geben die Pausen an. Die Gruppe macht 2 Pausen.

☐   ☒   ☐

d) **Hinweis:** Es handelt sich hierbei um eine proportionale Zuordnung.

38 $\frac{\text{km}}{\text{h}}$ bedeutet, dass in einer Stunde 38 km zurückgelegt werden.

$$:38 \left(\begin{array}{l} 38 \text{ km} \rightarrow 1 \text{ h} \\ 1 \text{ km} \rightarrow \frac{1}{38} \text{ h} \\ 342 \text{ km} \rightarrow \mathbf{9 \text{ h}} \end{array} \right) \begin{array}{l} :38 \\ \\ \cdot 342 \end{array}$$

Hinweis: Du kannst auch die Formel Geschwindigkeit $= \dfrac{\text{Weg}}{\text{Zeit}}$ nach der Zeit auflösen und rechnen:

$$342 \text{ km} : 38 \, \frac{\text{km}}{\text{h}} = 9 \text{ h}$$

Ein Rennradprofi würde 9 Stunden für die Strecke benötigen.

e) **✐Hinweis:** Die Schüler wollen die gesamte Strecke in 6 Tagen fahren.
✐Du musst also die Strecke durch 6 Tage dividieren und erhältst die
✐Strecke, die pro Tag zurückgelegt werden muss.

$$\frac{342 \text{ km}}{6 \text{ Tage}} = 57 \, \frac{\text{km}}{\text{Tag}}$$

Paul **kann** auch **mitfahren**, wenn die Strecke in 6 Tagen geschafft werden soll, da die tägliche Strecke dann 57 km beträgt.

4. a) **✐Hinweis:** $\frac{1}{6}$ bedeutet, dass 1 Kugel von 6 Kugeln schwarz ist.

✐$\frac{1}{3} = \frac{2}{6}$, also sind 2 Kugeln weiß.

✐$\frac{1}{2} = \frac{3}{6}$, die restlichen 3 Kugeln sind also grau.

b) **✐Hinweis:** Wende die Summenregel an.

Ereignis	Wahrscheinlichkeit
Es wird „Grau oder Schwarz" gezogen.	$\frac{3}{6} + \frac{1}{6} = \frac{4}{6} = \frac{2}{3}$
Es wird „Weiß oder Schwarz" gezogen.	$\frac{2}{6} + \frac{1}{6} = \frac{3}{6} = \frac{1}{2}$
Es wird „Weiß oder Grau" gezogen.	$\frac{5}{6} = \frac{2}{6} + \frac{3}{6}$

c) **✐Hinweis:** Insgesamt befinden sich jetzt 10 Kugeln im Gefäß; 4 Kugeln
✐davon sind schwarz, 3 weiß und 3 grau.

Ereignis	Wahrscheinlichkeit
Es wird „Schwarz" gezogen.	$\frac{4}{10} = \frac{2}{5}$
Es wird „Grau oder Weiß" gezogen.	$\frac{6}{10} = \frac{3}{5}$

d) **/ Hinweis:**

$$\frac{1}{4} = \frac{2}{8}$$

Von 8 Kugeln müssen 2 Kugeln schwarz sein, also muss eine der neuen Kugeln schwarz sein. Von 8 Kugeln sollen 3 Kugeln grau sein, die zweite neue Kugel muss also grau sein.

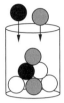

Kurs B – Hauptteil

1. a) **/ Hinweis:** Der Bahnhof Norddeich steht in der 1. Reihe nach der Überschrift, die Abfahrtszeit findest du in der 3. Spalte.

Der Zug fährt in Norddeich um **15:42 Uhr** ab.

b) **/ Hinweis:** Der Zug kommt in Emden um 16:16 Uhr an und fährt um 16:19 Uhr weiter.

16:16 Uhr bis 16:19 Uhr → **3 Minuten**

Der Zug steht in Emden 3 Minuten.

c) **/ Hinweis:** Der Zug startet um 16:41 Uhr in Leer und kommt um 17:30 Uhr in Oldenburg an.

19 min + 30 min = 49 min

16:41 Uhr bis 17:00 Uhr → 19 Minuten
17:00 Uhr bis 17:30 Uhr → 30 Minuten

Die Fahrzeit von Leer bis Oldenburg beträgt **49 Minuten**.

d) **/ Hinweis:** Der Zug braucht von 15:42 Uhr bis 19:14 Uhr.
Rechne Schritt für Schritt und addiere zum Schluss die Teilergebnisse.

15:42 Uhr bis 16:00 Uhr → 18 Minuten
16:00 Uhr bis 19:00 Uhr → 3 Stunden
19:00 Uhr bis 19:14 Uhr → 14 Minuten

Die Reisezeit von Norddeich bis Hannover beträgt **3 Stunden 32 Minuten**.

e) ✒ **Hinweis:** Berechne für jeden Ort die Differenz zwischen Ankunft und Abfahrt.

$2 \text{ min} + 3 \text{ min} + 3 \text{ min} + 5 \text{ min} + 2 \text{ min} + 8 \text{ min} + 3 \text{ min} = \mathbf{26 \text{ min}}$

Insgesamt steht der Zug 26 Minuten auf den Zwischenhaltebahnhöfen.

2. a) $Z = K \cdot \dfrac{p}{100} \cdot t$

$Z = 680 \text{ €} \cdot \dfrac{2{,}5}{100} \cdot 1$

$\mathbf{Z = 17 \text{ €}}$

✒ **Hinweis:** Du kannst auch mit dem Dreisatz rechnen:

$$: 100 \left(\begin{array}{ccc} 100 \,\% & \to & 680 \text{ €} \\ 1 \,\% & \to & 6{,}80 \text{ €} \end{array} \right) : 100$$

$$\cdot 2{,}5 \left(\begin{array}{ccc} 2{,}5 \,\% & \to & 17{,}00 \text{ €} \end{array} \right) \cdot 2{,}5$$

Antwort: Justin bekommt 17 € Zinsen.

b) ✒ **Hinweis:** Du musst das Kapital und die Zinsen addieren, um den neuen Kontostand zu berechnen.

$680 \text{ €} + 17 \text{ €} = \mathbf{697 \text{ €}}$

Antwort: Justin hat nach einem Jahr 697 € auf dem Konto.

c) ✒ **Hinweis:** Da Justin 697 € auf seinem Konto hat, musst du diesen Betrag von 820 € subtrahieren.

$820 \text{ €} - 697 \text{ €} = \mathbf{123 \text{ €}}$

Antwort: Justin fehlen noch 123 €.

3. a) ✒ **Hinweis:** Da du die Zahl nicht kennst, setze dafür x. Mit 2 multiplizieren bedeutet verdoppeln, schreibe also 2x. Da du 12 addieren sollst, schreibe +12. Das Ergebnis ist 52.

$$\begin{aligned} 2x + 12 &= 52 \quad | -12 \\ 2x &= 40 \quad | : 2 \\ \mathbf{x} &= \mathbf{20} \end{aligned}$$

✒ **Hinweis:** Du kannst die Aufgabe auch durch Probieren lösen:

$1 \cdot 2 + 12 \neq 52 \qquad 2 \cdot 2 + 12 \neq 52 \qquad \dots \qquad 20 \cdot 2 + 12 = 52$

Die gedachte Zahl heißt 20.

b)
☐ $12x + 2 = 52$
☒ $2x + 12 = 52$
☐ $2x - 12 = 52$

c) ✦ **Hinweis:** Du musst auf beiden Seiten der Gleichung dasselbe rechnen.

$$6x - 44 = 16 \quad | +44$$
$$6x = 60 \quad | : 6$$
$$\mathbf{x = 10}$$

4. a) ✦ **Hinweis:** Die Grundseite des Dreiecks ist $c = 6$ cm.

$$A = \frac{g \cdot h}{2}$$

$$A = \frac{6 \text{ cm} \cdot 3 \text{ cm}}{2}$$

$$\mathbf{A = 9 \text{ cm}^2}$$

Der Flächeninhalt beträgt 9 cm².

b) ✦ **Hinweis:** Auch bei Dreieck B musst du rechnen:

$$A = \frac{6 \text{ cm} \cdot 3 \text{ cm}}{2}$$

Aussage 1: **wahr**

Aussage 2: **falsch**

5. a) ✦ **Hinweis:** Ein Tennisball hat einen Durchmesser von 7 cm. 3 Bälle nebeneinander benötigen also 21 cm Platz.

b) $V = a \cdot b \cdot c$
$V = 21 \text{ cm} \cdot 7 \text{ cm} \cdot 7 \text{ cm}$
$\mathbf{V = 1\,029 \text{ cm}^3}$

Das Volumen der Schachtel beträgt 1 029 cm³.

6. a) **Hinweis:** $1,5 \text{ m} + 4,5 \text{ m} = 6 \text{ m}$
$8 \text{ m} - 2,5 \text{ m} = 5,5 \text{ m}$

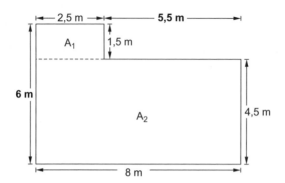

b) $A_1 = 2,5 \text{ m} \cdot 1,5 \text{ m}$
$A_1 = 3,75 \text{ m}^2$
$A_2 = 8 \text{ m} \cdot 4,5 \text{ m}$
$A_2 = 36 \text{ m}^2$
$A_{gesamt} = 3,75 \text{ m}^2 + 36 \text{ m}^2$
$\mathbf{A_{gesamt} = 39,75 \text{ m}^2}$

Hinweis: Du kannst die Flächen auch anders zerlegen:

$A_1 = 15 \text{ m}^2$ $A_2 = 24,75 \text{ m}^2$

$A_1 = 8,25 \text{ m}^2$
$A_2 = 48 \text{ m}^2$

$A_{gesamt} = 15 \text{ m}^2 + 24,75 \text{ m}^2$
$A_{gesamt} = 39,75 \text{ m}^2$

$A_{gesamt} = 48 \text{ m}^2 - 8,25 \text{ m}^2$
$A_{gesamt} = 39,75 \text{ m}^2$

Die Rasenfläche beträgt $39,75 \text{ m}^2$.

c) **Hinweis:** Die beiden längsten Seiten sind 6 m und 8 m lang.
$6 \text{ m} + 8 \text{ m} = \mathbf{14 \text{ m}}$
Die Länge der Hecke beträgt 14 m.

7. a) **Hinweis:** 1 Feld von 8 Feldern ist schwarz. 3 Felder von 8 Feldern sind grau. 4 Felder von 8 Feldern sind weiß.

Farbe	Wahrscheinlichkeit
„Schwarz"	$\dfrac{1}{8}$
„Grau"	$\dfrac{3}{8}$
„Weiß"	$\dfrac{4}{8} = \dfrac{1}{2}$

b) Aussage 1: **falsch**

   ✐ **Hinweis:** Die weißen Felder kommen nicht doppelt so oft vor wie die
   ✐ grauen Felder.

   Aussage 2: **falsch**

   ✐ **Hinweis:** Die Wahrscheinlichkeit, dass „Schwarz oder Grau" gewinnt,
   ✐ ist $\frac{1}{8} + \frac{3}{8} = \frac{4}{8}$. Die Wahrscheinlichkeit, dass „Weiß" gewinnt, ist auch $\frac{4}{8}$.

   Aussage 3: **wahr**

Kurs B – Wahlaufgaben

1. a) ✐ **Hinweis:** Addiere alle abgegebenen Stimmen:
      ✐ $90 + 46 + 28 + 18 = 200$

	Anzahl der Stimmen	Anzahl der Stimmen in %
Mensa	90	**45**
Cafeteria	64	**32**
Verpflegungsautomat	28	14
keine Verpflegung nötig	18	9
Gesamtzahl der abgegebenen Stimmen	**200**	100

   b) ✐ **Hinweis:** Es handelt sich um eine proportionale Zuordnung.

$$
\begin{array}{l}
:200 \left(
\begin{array}{l}
200\,\text{Stimmen} \;\rightarrow\; 100\,\% \\
\;\;\;1\,\text{Stimme} \;\rightarrow\; 0{,}5\,\% \\
\;\;90\,\text{Stimmen} \;\rightarrow\; \mathbf{45\,\%}
\end{array}
\right) :200 \\[-2pt]
\cdot 90
\end{array}
$$

$$
\cdot 64 \left(
\begin{array}{l}
\;\;\;1\,\text{Stimme} \;\rightarrow\; 0{,}5\,\% \\
64\,\text{Stimmen} \;\rightarrow\; \mathbf{32\,\%}
\end{array}
\right) \cdot 64
$$

$$
\cdot 18 \left(
\begin{array}{l}
\;\;\;1\,\text{Stimme} \;\rightarrow\; 0{,}5\,\% \\
18\,\text{Stimmen} \;\rightarrow\; \;\;\mathbf{9\,\%}
\end{array}
\right) \cdot 18
$$

Hinweis: Du kannst auch mit der Formel rechnen:

$$p = \frac{P \cdot 100}{G}$$

$$p = \frac{9 \cdot 100}{200}$$

$$p \% = 45 \%$$

c) **Hinweis:**

10 Stimmen $\stackrel{\triangle}{=}$ 1 cm

90 Stimmen $\stackrel{\triangle}{=}$ 9 cm

64 Stimmen $\stackrel{\triangle}{=}$ 6,4 cm

28 Stimmen $\stackrel{\triangle}{=}$ 2,8 cm

18 Stimmen $\stackrel{\triangle}{=}$ 1,8 cm

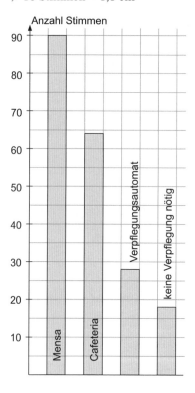

d) **Hinweis:** 220 Personen waren wahlberechtigt, 200 Stimmen wurden abgegeben.

$220 - 200 = \mathbf{20}$

$$p = \frac{P \cdot 100}{G}$$

$$p = \frac{20 \cdot 100}{220}$$

$\mathbf{p\ \% \approx 9{,}09\ \%}$

Antwort: Es waren 20 Nichtwähler, das entspricht 9,09 %.

2. a) **Hinweis:** Das Teilstück e ist genauso lang wie das Teilstück a. Da die senkrechte Holzleiste 1,30 m (130 cm) lang ist und Teilstück b 30 cm lang ist, ist Teilstück d 100 cm lang.

$e = \mathbf{40\ cm}$

$d = \mathbf{100\ cm}$

b) **Hinweis:** Mache zunächst eine Skizze vom Dreieck und trage den rechten Winkel ein.
Die Hypotenuse c ist gesucht. Du musst deshalb die beiden Kathetenquadrate addieren.

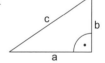

$$a^2 + b^2 = c^2$$

$$(40\,\text{cm})^2 + (30\,\text{cm})^2 = c^2$$

$$1\,600\,\text{cm}^2 + 900\,\text{cm}^2 = c^2$$

$$2\,500\,\text{cm}^2 = c^2$$

$$\sqrt{2\,500\,\text{cm}^2} = c$$

$$\mathbf{50\,cm = c}$$

Teilstück c ist 50 cm lang.

c) **Hinweis:** Teilstück h ist genauso lang wie Teilstück f. Der Umfang besteht aus insgesamt 4 Teilstücken.

$u = 2 \cdot c + 2 \cdot f$

$u = 2 \cdot 50\,\text{cm} + 2 \cdot 107{,}7\,\text{cm}$

$u = 100\,\text{cm} + 215{,}4\,\text{cm}$

$u = \mathbf{315{,}4\,cm}$

Der Umfang beträgt 315,4 cm.

d) Aussage 1: **wahr**

Aussage 2: **falsch**

Hinweis: Der Drachen hat nur eine Symmetrieachse.

Aussage 3: **falsch**

Hinweis: Die Teilstücke a und e und die Teilstücke b und d sind die beiden Diagonalen.

Aussage 4: **wahr**

3. a) **Hinweis:** Du musst alle Teilstrecken addieren:

$40 \text{ km} + 51 \text{ km} + 50 \text{ km} + 40 \text{ km} + 52 \text{ km} + 53 \text{ km} + 56 \text{ km} = 342 \text{ km}$

Tagesetappen		
1. Tag	Bremen bis Verden	40 km
2. Tag	Verden bis Nienburg	51 km
3. Tag	Nienburg bis Minden	50 km
4. Tag	Minden bis Rinteln	40 km
5. Tag	Rinteln bis Bodenwerder	52 km
6. Tag	Bodenwerder bis Beverungen	53 km
7. Tag	Beverungen bis Hannoversch Münden	56 km
Gesamtstrecke Bremen bis Hannoversch Münden		**342 km**

b) **Hinweis:** Die Teilstrecke von Rinteln bis Bodenwerder ist 52 km lang.

$$\text{Geschwindigkeit} = \frac{\text{Weg}}{\text{Zeit}}$$

$$v = \frac{52 \text{ km}}{4 \text{ h}}$$

$$v = 13 \frac{\text{km}}{\text{h}}$$

Die Durchschnittsgeschwindigkeit beträgt $13 \frac{\text{km}}{\text{h}}$.

c) **Hinweis:** Zur Fahrzeit von 4 Stunden müssen noch 1,5 Stunden für die Pausen addiert werden.

1,5 Stunden = 1 Stunde 30 Minuten

	Etappe	Abfahrt	Ankunft
5. Tag	Rinteln bis Bodenwerder	8:30 Uhr	**14:00 Uhr**

d) **Hinweis:** Die waagrechten Linien geben die Pausen an. Die Gruppe macht 2 Pausen.

| | ☒ | |

e) **Hinweis:** Die steigenden Linien bedeuten, dass die Gruppe in einer bestimmten Zeit einen bestimmten Weg zurückgelegt hat. Das sind die jeweiligen Fahrstrecken.

Aussage 1: **wahr**

Aussage 2: **falsch**

Aussage 3: **wahr**

Aussage 4: **falsch**

4. a) **Hinweis:** $\frac{1}{6}$ bedeutet, dass 1 Kugel von 6 Kugeln schwarz ist.

$\frac{2}{6}$ bedeutet, dass 2 Kugeln von 6 Kugeln weiß sind.

$\frac{3}{6}$ bedeutet, dass 3 Kugeln von 6 Kugeln grau sind.

Welche der Kugeln du mit welcher Farbe einfärbst, ist egal.

b) Aussage 1: **falsch**

Hinweis:

$$\frac{1}{6} + \frac{2}{6} = \frac{3}{6}$$

Aussage 2: **wahr**

c) **Hinweis:**

$$\frac{3}{6} + \frac{1}{6} = \frac{4}{6}$$

Eine der 3 Farben wird mit Sicherheit gezogen.
Eine rote Kugel ist nicht vorhanden.

Ereignis	Wahrscheinlichkeit
Es wird „Grau oder Schwarz" gezogen.	$\frac{4}{6} = \frac{2}{3}$
Es wird „Grau oder Weiß oder Schwarz" gezogen.	$\frac{6}{6} = 1$
Es wird „Rot" gezogen.	0

d) **Hinweis:** Im Gefäß befinden sich jetzt 4 schwarze Kugeln, 3 weiße Kugeln und 3 graue Kugeln.

Ereignis	Wahrscheinlichkeit
Es wird „Schwarz" gezogen.	$\frac{4}{10} = \frac{2}{5}$
Es wird „Grau" gezogen.	$\frac{3}{10}$

E-Kurs und G-Kurs – Allgemeiner Teil

Punkte

1. Berechne: 4

   a) $2,13 + 5,054 =$ _____   b) $0,564 \cdot 10\,000 =$ _____

   c) $235,07 - 120,04 =$ _____   d) $5,6 : 100 =$ _____

2. Setze die fehlenden Zahlen ein.   4

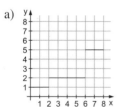

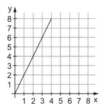

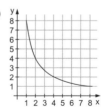

3. Setze „<", „=" oder „>" ein.   3

   a) 15 Jahre ☐ 3 000 Tage

   b) 20 000 g ☐ 35 kg

   c) 60 000 $m\ell$ ☐ 85 ℓ

4. Schreibe unter die Abbildung, ob eine proportionale oder antiproportionale Zuordnung dargestellt ist oder keines von beidem vorliegt.   3

   a)   b)   c)

   _____   _____   _____

5. Ein Quadrat wurde zerlegt. Färbe … 3

   a) 25 %   b) $\dfrac{3}{8}$ c) $\dfrac{1}{16}$

der Gesamtfläche ein. Nutze nur die vorgegebenen Teilflächen.

a)   b)   c)

6. Kürzen und erweitern. Ergänze den richtigen Zähler oder Nenner. 2

   a) $\dfrac{25}{35} = \dfrac{}{7}$ b) $\dfrac{1}{4} = \dfrac{3}{}$

7. Ist die Aussage wahr oder falsch? Kreuze an. 3
   Ein Spielwürfel wird viermal geworfen.
   Jedes Mal liegt eine gerade Zahl oben.
   Nun soll ein fünftes Mal geworfen werden.

                                           wahr falsch

   a) Die Wahrscheinlichkeit, eine gerade Zahl zu würfeln, ☐ ☐
      ist $\frac{1}{2}$.

   b) Es ist wahrscheinlicher, dass eine ungerade Zahl ge- ☐ ☐
      würfelt wird.

   c) Es ist sicher, dass eine Zahl kleiner als „7" gewürfelt ☐ ☐
      wird.

8. Wie heißt die Zahl? 3

a) Die Zahl ist um 6 größer als 4 · 13.	b) Die Zahl ist um 7 kleiner als die Wurzel aus 64.	c) Addiert man zum Doppelten einer Zahl 8, so erhält man 12.
_____	_____	_____

9. Setze für x den vorgegebenen Wert ein und berechne. 3

	x	Term	Ergebnis
a)	20	$2 \cdot (x + 3)$	
b)	5	$(x + 2) \cdot (x - 3)$	
c)	3	$2 \cdot (x - 3)$	

Beachte:
- Alle Rechenwege müssen klar und übersichtlich aufgeschrieben werden.
- Runde jedes Ergebnis auf 2 Stellen hinter dem Komma.

Punkte

Aufgabe 1

Das Logo einer Solarfirma ist hier abgebildet.
Berechne den Flächeninhalt der grauen Fläche.

3

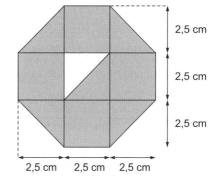

2,5 cm

2,5 cm

2,5 cm

2,5 cm   2,5 cm   2,5 cm

Aufgabe 2

Kioskbetreiber müssen bei einem bekannten Süßwarenhersteller folgende Preise für Lollis zahlen:

Anzahl der Lollis	Stückpreis in Cent
1–100	12
101–300	11
301–500	10
über 500	9

a) Kioskbetreiber Schmidt verkauft 250 Lollis für 35 Cent pro Stück an seine Kunden.
   Berechne den Gewinn, den er mit dem Verkauf macht.

3

b) Beim Einkauf von 800 Lollis bekommt Herr Schmidt 2 % Rabatt.
   Berechne den Einkaufspreis für die 800 Lollis.

2

Aufgabe 3

a) Verbinde jede Sachsituation mit der dazugehörigen Gleichung. 3

| Für die Anmeldung bei einem Musikportal bezahlt man 4 €. Für jeden Songdownload müssen 0,40 € gezahlt werden. | $y = 4 \cdot x - 4$ |

| Der Eintritt ins Eisstadion kostet 4 €. Pro Stunde müssen zusätzlich 4 € Leihgebühr für Schlittschuhe gezahlt werden. | $y = 0,4 \cdot x + 4$ |

| Jan verkauft seine CD-Sammlung auf dem Flohmarkt. Für jede CD nimmt er einen Preis von 4 €. Am Ende des Tages muss er eine Standgebühr von 4 € bezahlen. | $y = 4 \cdot x + 4$ |

b) Notiere eine Gleichung, mit der die Taxikosten für die folgende Sachsituation berechnet werden können. 1

Herr Mai fährt mit dem Taxi zum Flughafen. Der Flughafen ist x Kilometer von seiner Wohnung entfernt. Pro Kilometer müssen 1,50 € gezahlt werden. Dazu kommt eine Grundgebühr von 4 €.

$y = $ _____

Aufgabe 4

In einem Karton befinden sich aus Würfeln bestehende Bausteine.
Es wird ein Baustein gezogen.

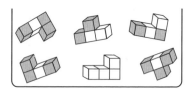

a) Vervollständige die Tabelle. 3

Ereignis	Wahrscheinlichkeit
Der gezogene Baustein ist einfarbig.	
Der gezogene Baustein enthält genau zwei dunkle Würfel.	
Der gezogene Baustein _____.	$\frac{1}{2}$

b) Peter legt zwei zusätzliche Bausteine in den Karton. Sie sind jeweils aus 2 dunklen und 2 hellen Würfeln zusammengesetzt.

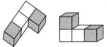

3

Sind die Aussagen wahr oder falsch? Kreuze an.

	wahr	falsch
Die Wahrscheinlichkeit, dass der gezogene Baustein mindestens zwei dunkle Würfel enthält, beträgt $\frac{7}{8}$.	☐	☐
Es ist sicher, dass der gezogene Baustein mindestens einen dunklen Würfel enthält.	☐	☐
Die Wahrscheinlichkeit, einen Baustein aus zwei dunklen und zwei hellen Würfeln zu ziehen, beträgt $\frac{1}{2}$.	☐	☐

Aufgabe 5

Handwerkerrechnungen weisen die Kosten für Material, Arbeitszeit und Mehrwertsteuer getrennt aus. Ergänze die fehlenden Angaben.

a)

b)

4

Aufgabe 6

a) Bestimme die Größe der Winkel α, β und γ.

3

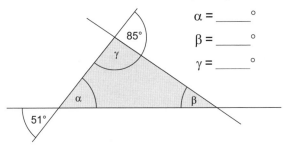

α = _____ °

β = _____ °

γ = _____ °

(Achtung: Die Skizze ist nicht maßstabsgetreu.)

b) Ergänze die folgende Aussage:

1

Scheitelwinkel sind immer _____.

Aufgabe 7

Das abgebildete Muster wurde
mit Streichhölzern gelegt:

a) Vervollständige die folgende Tabelle: 3

Anzahl der Dreiecke (d)	Anzahl der Streichhölzer (s)
2	
3	7
5	
	21

b) Kreuze an, welche der 3 Gleichungen den Zusammenhang zwischen 1
der Anzahl der Streichhölzer (s) und der Anzahl der Dreiecke (d)
beschreibt!

☐ $s = d + 1$ ☐ $s = 2 + d \cdot 1$ ☐ $s = 2 \cdot d + 1$

Aufgabe 8

Zum Ärger des Hausmeisters laufen die Schüler vom Bus zur Schule
immer quer über die Rasenfläche.

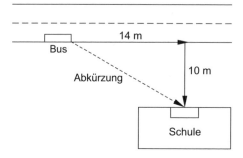

a) Berechne die Länge der Abkürzung. 4

b) Bestimme die eingesparte Weglänge, wenn man die Abkürzung nutzt. 2
(Wenn du Aufgabe a nicht rechnen konntest, rechne mit einer Länge
von 18,30 m für die Abkürzung weiter.)

Punkte

Wahlaufgabe 1

Auf dem Gelände der Hauptschule Damme steht ein Container, der von
der Schülerfirma als Lagerraum benutzt wird.

a) Auf den beiden Bildern siehst du die Vorder- und die Seitenansicht   3
   des Containers.
   Schätze Höhe, Breite und Länge des Containers.
   Begründe deine Überlegungen.

b) Berechne mit deinen Schätzwerten das Volumen des abgebildeten   2
   Containers.

c) Die sichtbare Außenwand mit der Bemalung soll gestrichen werden.   3
   Berechne den Flächeninhalt der zu streichenden Fläche.

d) Eine Schülerfirma muss Kisten im abgebildeten Container verstauen.   2
   Alle Kisten haben die gleiche Größe: Länge 0,50 m, Breite 0,50 m,
   Höhe 0,50 m.

   **Martin behauptet: „Wir können den Container mit 260 Kisten
   beladen.“**

   **Artur erwidert: „Ich glaube, dass höchstens 100 Kisten hinein-
   passen.“**

   Welcher Aussage stimmst du zu? Begründe deine Entscheidung mit
   deinen Schätzwerten.

Wahlaufgabe 2

Familie Schmidt braucht einen neuen Gefrierschrank. Frau Schmidt vergleicht die Preise verschiedener Modelle, denkt aber auch an die Folgekosten, d. h., der Gefrierschrank sollte wenig Strom verbrauchen.

1 Kilowattstunde (kWh) Strom kostet 20 Cent.

Es gibt zwei Angebote:

Gefrierschrank 1: 550,00 €
Stromverbrauch pro Jahr: 350 kWh

Gefrierschrank 2: 650,00 €
Stromverbrauch pro Jahr: 250 kWh

a) Berechne die fehlenden Werte in der Tabelle.   4

	Anschaffungs-preis im Jahr 2013	Gesamtkosten für Anschaffung und Strom nach **einem** Jahr	Gesamtkosten für Anschaffung und Strom nach **zehn** Jahren
Gefrierschrank 1			1 250,00 €
Gefrierschrank 2			1 150,00 €

b) Die beiden Angebote sollen im Koordinatensystem dargestellt werden.   1
Zeichne den fehlenden Graphen ein.

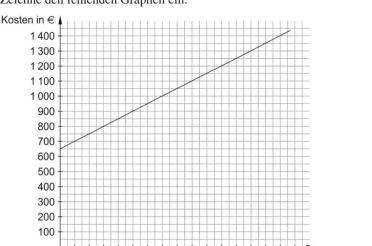

c) Gib an, nach wie vielen Jahren sich der Kauf von **Gefrierschrank 2**   1
lohnt.

d) Peter hat in den Nachrichten gehört, dass in den nächsten Jahren die   2
Strompreise steigen. Er sagt:

*„Weil der Strom noch teurer wird, sollten wir uns **Gefrierschrank 2**
kaufen."*

Hat er recht? Begründe deine Entscheidung und bedenke dabei die
Anschaffungs- und Folgekosten.

e) Eine vierköpfige Familie verbraucht im Durchschnitt 5 000 kWh pro   2
Jahr. Der Tarif (20 Cent pro kWh) wird um 6 % erhöht.
Berechne, um wie viel Euro sich die jährlichen Stromkosten für die
Familie erhöhen.

Wahlaufgabe 3

Auf dem Tisch liegen 10 Spielkarten mit der Bildseite nach unten.
Es sind:

Herz: 2, 4, 5, 6   Kreuz: 5

| ♥ 2 | ♥ 4 | ♥ 5 | ♥ 6 | | ♣ 5 |

Karo: 3, 5   Pik: 2, 5, 6

| ♦ 3 | ♦ 5 | | ♠ 2 | ♠ 5 | ♠ 6 |

Eine Karte wird umgedreht.

a) Gib an, welche Zahl die besten Chancen hat, umgedreht zu werden.   1

b) Gib an, welches Kartensymbol die besten Chancen hat, umgedreht zu   1
    werden.

c) Wie hoch ist die Wahrscheinlichkeit, eine Karte mit der Zahl 2 umzu-   1
    drehen?

d) Als erste Karte wird die Karo 3 umgedreht. Wie hoch ist dann die   2
    Wahrscheinlichkeit, dass als zweite Karte die Karo 5 umgedreht wird?

e) Gib an, welche Zahlen mit der gleichen Wahrscheinlichkeit umge-   1
    dreht werden.

f) Wahr oder falsch? Kreuze an.   wahr   falsch   2

    Die Wahrscheinlichkeit, eine Pik-Karte oder eine Kreuz-   ☐   ☐
    Karte umzudrehen, ist genauso hoch wie die Wahrschein-
    lichkeit, eine Herz-Karte umzudrehen.

    Die Wahrscheinlichkeit, eine Pik-Karte umzudrehen,   ☐   ☐
    beträgt 30 %.

g) Pia sagt: 2

    „Wenn ich zu den 10 Spielkarten eine Herz 3 und | ♥ 3 | ♦ 6 |
    eine Karo 6 hinzufüge, ist die Wahrscheinlichkeit,
    dass eine Herz-Karte umgedreht wird $\frac{1}{2}$.“

    Hat Pia recht? Begründe.

Wahlaufgabe 4

Das Schwimmbecken des Hallenbades in Neudorf besteht aus einem
rechteckigen Schwimmerbereich mit einer Wassertiefe von 1,80 m und
einem halbkreisförmigen Sprungbecken mit einer Wassertiefe von 3 m.

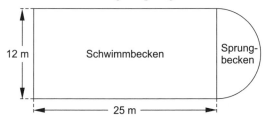

12 m — Schwimmbecken — Sprung-becken — 25 m

a) Berechne, wie viele Liter Wasser sich im gesamten Becken befinden. 6
   (1 m³ sind 1 000 Liter)

b) Das Becken wird durch einen Zufluss gefüllt. Pro Minute laufen 1
   100 Liter Wasser in das Becken.
   Berechne, nach wie vielen Minuten das Becken gefüllt ist.
   (Wenn du Aufgabe a nicht rechnen konntest, rechne mit
   $V = 712\,450$ Liter weiter.)

c) Die Bestzeit der deutschen Meisterin Britta Steffen über die 100-m- 1
   Strecke beträgt 52,07 Sekunden.
   Berechne, wie lange sie bei gleicher Geschwindigkeit für die 25-m-
   Bahn brauchen würde.

d) Peter liest in einem Zeitungsbericht über die Neueröffnung des 2
   Hallenbades:

> **Besucherrekord im Hallenbad Neudorf!**
> Am Tag der Neueröffnung des Hallenbades Neudorf tummelten
> sich 10 000 Schwimmer gleichzeitig im Schwimmbecken.
> Mit dieser rekordverdächtigen Besucherzahl hat nicht ein-
> mal der Betreiber des Bades gerechnet.

Können die Zahlen aus dem Bericht stimmen?
Begründe deine Aussage rechnerisch.

Beachte:
• Alle Rechenwege müssen klar und übersichtlich aufgeschrieben werden.
• Runde jedes Ergebnis auf 2 Stellen hinter dem Komma.

Punkte

Aufgabe 1

Das Logo einer Solarfirma ist
hier abgebildet.
Berechne den Flächeninhalt
der grauen Fläche.

3

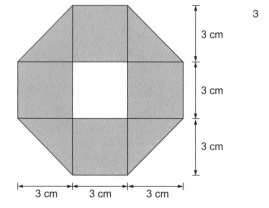

3 cm

3 cm

3 cm

|← 3 cm →|← 3 cm →|← 3 cm →|

Aufgabe 2

Kioskbetreiber müssen bei einem bekannten Süßwarenhersteller folgende
Preise für Lollis zahlen:

Anzahl der Lollis	Stückpreis in Cent
1–100	12
101– 300	11
301– 500	10
über 500	9

a) Kioskbetreiber Schmidt kauft 600 Lollis.   2
   Berechne die Kosten in Euro.

b) Herr Schmidt verkauft die 600 Lollis für 35 Cent pro Stück an seine   2
   Kunden.
   Berechne den Gewinn, den er mit dem Verkauf macht.
   (Wenn du Aufgabe a nicht rechnen konntest, nimm an, dass 600 Lollis
   65 Euro kosten.)

c) Eine Klassenlehrerin kauft bei Herrn Schmidt für jeden Schüler einen   1
Lolli und bezahlt 9,10 Euro.
Berechne die Anzahl der Schüler in ihrer Klasse.

Aufgabe 3

a) Für einen Liederdownload zahlt Petra 0,80 €. Für die Anmeldung   3
beim Musikportal werden vorher 4 € fällig. Vervollständige
die Tabelle.

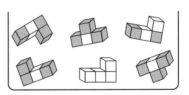

Anzahl der Lieder	Gesamtpreis für den Download
1 Lied	
12 Lieder	
	12 €

b) Welche Gleichung passt zu dem Sachverhalt?   1
Kreuze die richtige Gleichung an.

☐ $y = 4 + x + 0{,}80$

☐ $y = 0{,}80 \cdot x + 4$

☐ $y = 4 \cdot x + 0{,}80$

Aufgabe 4

In einem Karton befinden sich aus
Würfeln bestehende Bausteine.
Es wird ein Baustein gezogen.

a) Es wird ein Baustein gezogen. Wahr oder falsch?   3
Kreuze an.

	wahr	falsch
Es ist unmöglich, dass der Baustein genau einen dunklen Würfel enthält.	☐	☐
Es ist möglich, dass der Baustein drei dunkle Würfel enthält.	☐	☐
Es ist sicher, dass der Baustein mindestens einen hellen Würfel enthält.	☐	☐

b) Berechne die Wahrscheinlichkeit der folgenden Ereignisse.   3

Ereignis	Wahrscheinlichkeit
Der Baustein ist einfarbig.	
Der Baustein enthält genau drei dunkle Würfel.	
Der Baustein setzt sich aus zwei dunklen und zwei hellen Würfeln zusammen.	

Aufgabe 5

Handwerkerrechnungen weisen die Kosten für Material, Arbeitszeit und Mehrwertsteuer getrennt aus.
Ergänze die fehlenden Angaben.

a)

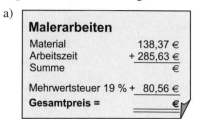

Malerarbeiten

Material	138,37 €
Arbeitszeit	+ 285,63 €
Summe	€
Mehrwertsteuer 19 % +	80,56 €
Gesamtpreis =	**€**

b)   4

Dachreparatur

Material	214,55 €
Arbeitszeit	+ 120,45 €
Summe	335,00 €
Mehrwertsteuer 19 % +	€
Gesamtpreis =	**€**

Aufgabe 6

a) Bestimme die Größe der Winkel α, β und γ.   3

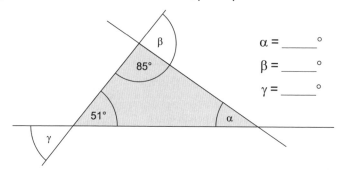

$\alpha = $ _____ °

$\beta = $ _____ °

$\gamma = $ _____ °

(Achtung: Die Skizze ist nicht maßstabsgetreu.)

b) Ergänze die Aussage: 1

Die Summe aller Winkel in einem Dreieck beträgt _____.

Aufgabe 7

Das abgebildete Muster wurde
mit Streichhölzern gelegt:

a) Vervollständige die folgende Tabelle: 3

Anzahl der Dreiecke (d)	Anzahl der Streichhölzer (s)
2	
3	7
4	
	13

b) Es ist nur eine Aussage richtig. Kreuze an. 1

☐ Verdoppelt man die Anzahl der Dreiecke und addiert 1, so erhält
man die Anzahl der Streichhölzer.

☐ Die Anzahl der Streichhölzer ist immer doppelt so groß wie die
Anzahl der Dreiecke.

☐ Zwischen der Anzahl der Dreiecke und der Anzahl der Streichhölzer gibt es keinen Zusammenhang.

Aufgabe 8

Zeichne zwei verschiedene Rechtecke, die beide jeweils einen Umfang 2
von 18 cm haben.

Aufgabe 9

Ein Blumenkübel mit quadratischer Grund-
fläche soll bepflanzt werden.
Die Grundkantenlänge beträgt 1 m und die
Höhe 0,80 m.

a) Berechne, wie viel m³ Erde in den Kübel passen, wenn er bis zum 2
Rand gefüllt ist.

b) Berechne, wie viele Säcke Erde für die Füllung benötigt werden. 2
Ein Sack Erde enthält 0,2 m³.

Punkte

Wahlaufgabe 1

Auf dem Gelände der Hauptschule Damme steht ein Container, der von
der Schülerfirma als Lagerraum benutzt wird.

a) Auf den beiden Bildern siehst du die Vorder- und die Seitenansicht   3
   des Containers. Schätze Höhe, Breite und Länge des Containers.
   Begründe deine Überlegungen.

   Höhe des Containers: _____, weil _____

   _____.

   Breite des Containers: _____, weil _____

   _____.

   Länge des Containers: _____, weil _____

   _____.

b) Berechne mit deinen Schätzwerten das Volumen des abgebildeten   2
   Containers.

c) Die mit den Figuren bemalte Seitenfläche des Containers soll über-   3
   strichen werden.
   Für 1 m² Fläche braucht man 0,25 Liter Farbe. Gib an, wie viel Farbe
   insgesamt benötigt wird.

d) Eine 1-Liter-Dose Farbe kostet 8 €. Berechne die Kosten für die   2
   Farbe.
   (Wenn du Aufgabe c nicht lösen konntest, rechne mit 16 m² für die zu
   streichende Fläche weiter.)

Wahlaufgabe 2

Familie Schmidt braucht einen neuen Gefrierschrank. Frau Schmidt vergleicht die Preise verschiedener Modelle, denkt aber auch an die Folgekosten, d. h., der Gefrierschrank sollte wenig Strom verbrauchen.
1 Kilowattstunde (kWh) Strom kostet 20 Cent.
Es gibt zwei Angebote:

Gefrierschrank 1: 600,00 €
Stromverbrauch pro Jahr: 400 kWh

Gefrierschrank 2: 750,00 €
Stromverbrauch pro Jahr: 250 kWh

a) Berechne die die Stromkosten pro Jahr in € und ergänze die Tabelle. 2

	Stromkosten pro Jahr
Gefrierschrank 1	
Gefrierschrank 2	

b) Berechne die fehlenden Werte in der Tabelle. 4

	Anschaffungs preis im Jahr 2013	Gesamtkosten für Anschaffung und Strom nach **einem** Jahr	Gesamtkosten für Anschaffung und Strom nach **zehn** Jahren
Gefrierschrank 1	600,00 €		
Gefrierschrank 2	750,00 €		

c) Die beiden Angebote werden als Graphen dargestellt.   1
   Welcher Graph gehört zu welchem Gefrierschrank?

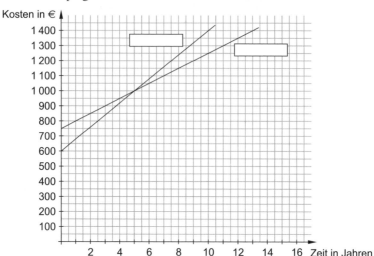

d) Gib an, nach wie vielen Jahren sich der Kauf von **Gefrierschrank 2**   1
   lohnt.

e) Eine vierköpfige Familie verbraucht im Durchschnitt 5 000 kWh pro   2
   Jahr. Der Tarif (20 Cent pro kWh) wird um 6 % erhöht.
   Berechne, um wie viel Euro sich die jährlichen Stromkosten für die
   Familie erhöhen.

Wahlaufgabe 3

Auf dem Tisch liegen 10 Spielkarten mit der Bildseite nach unten.
Es sind:

Herz: 2, 4, 5, 6   Kreuz: 5

Karo: 3, 5   Pik: 1, 2, 5

Eine Karte wird umgedreht.

a) Gib an, welche Zahl die besten Chancen hat, umgedreht zu werden. 1

b) Gib an, welches Kartensymbol (♦ ♥ ♠ ♣) die besten Chancen hat, umgedreht zu werden. 1

c) Wie hoch ist die Wahrscheinlichkeit, eine Karte mit der Zahl 2 umzudrehen? 1

d) Wie hoch ist die Wahrscheinlichkeit, eine Kreuz-Karte umzudrehen? 1

e) Entscheide, ob die Aussage wahr oder falsch ist, und formuliere eine wahre Aussage. 4

	wahr	falsch
Die Wahrscheinlichkeit, dass eine Karo-Karte umgedreht wird, ist am geringsten.	☐	☐
Die Wahrscheinlichkeit, eine Pik-Karte oder eine Kreuz-Karte umzudrehen, ist genauso hoch wie die Wahrscheinlichkeit, eine Herz-Karte umzudrehen.	☐	☐
Die Wahrscheinlichkeit, eine Pik-Karte umzudrehen, ist 30 %.	☐	☐
_____	☒	☐

f) Als erste Karte wird die Karo 3 umgedreht. Gib die Wahrscheinlichkeit dafür an, dass als zweite Karte die Karo 5 umgedreht wird. 2

Wahlaufgabe 4

Das rechteckige Schwimmbecken des Freibades in Neudorf hat eine Wassertiefe von 1,80 m.

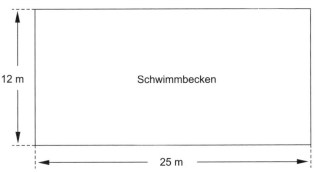

12 m

Schwimmbecken

25 m

a) Berechne, wie viel Liter Wasser sich im Becken befinden. 3
(1 m^3 sind 1 000 Liter)

b) Nachts wird das Schwimmbecken mit einer Plane bedeckt, damit das   2
    Wasser nicht abkühlt und sauber bleibt. Die Plane bedeckt genau die
    Wasseroberfläche. Berechne, wie viel m² Flächeninhalt die Plane hat.

c) 1 m² Abdeckplane kostet 25 €. Berechne die Kosten für die Schutz-   1
    plane.
    (Wenn du den Flächeninhalt nicht bestimmen konntest, rechne mit
    $A = 350$ m² weiter.)

d) Das Becken wird durch einen Zufluss gefüllt. Pro Minute laufen   1
    100 Liter Wasser in das gesamte Becken.
    Berechne, nach wie vielen Minuten das Becken gefüllt ist.
    (Wenn du das Volumen nicht bestimmen konntest, rechne mit
    $V = 560\,000$ Liter weiter.)

e) Die Bestzeit der deutschen Meisterin Britta Steffen über die   1
    50-m-Strecke beträgt 23,73 Sekunden.
    Berechne, wie lange sie bei gleicher Geschwindigkeit für die
    25-m-Bahn brauchen würde.

f) Das Schwimmbecken der Nachbargemeinde Altdorf ist bei gleicher   2
    Tiefe doppelt so lang und doppelt so breit.
    Kreuze die zwei richtigen Aussagen an.

☐ Die Wasseroberfläche ist doppelt so groß.

☐ Die Wasseroberfläche ist viermal so groß.

☐ Die Wasseroberfläche ist achtmal so groß.

☐ Das Volumen ist doppelt so groß.

☐ Das Volumen ist viermal so groß.

☐ Das Volumen ist achtmal so groß.

Lösungen

E-Kurs und G-Kurs – Allgemeiner Teil

1. a) **✓ Hinweis:** Notiere die Zahlen untereinander. Achte darauf, dass Komma unter Komma steht. Übersichtlicher wird es, wenn du bei der ersten Zahl eine 0 ergänzt.

$$\begin{array}{r} 2{,}130 \\ +\,5{,}054 \\ \hline \mathbf{7{,}184} \end{array}$$

b) **✓ Hinweis:** Verschiebe das Komma um 4 Stellen nach rechts.

$0{,}564 \cdot 10\,000 = \mathbf{5\,640}$

c) **✓ Hinweis:** Wenn die Zahlen untereinander stehen, kannst du leichter subtrahieren.

$$\begin{array}{r} 235{,}07 \\ -\,120{,}04 \\ \hline \mathbf{115{,}03} \end{array}$$

d) **✓ Hinweis:** Verschiebe das Komma um 2 Stellen nach links.

$5{,}6 : 100 = \mathbf{0{,}056}$

2. a)

$$\begin{array}{r} 755 \\ +\,\mathbf{223} \\ \hline 978 \end{array}$$

✓ Hinweis: Rechne:

$$\begin{array}{r} 978 \\ -\,755 \\ \hline 223 \end{array}$$

b)

$$\begin{array}{r} 7899 \\ -\,\mathbf{2515} \\ \hline 5384 \end{array}$$

✓ Hinweis: Rechne:

$$\begin{array}{r} 7899 \\ -\,5384 \\ \hline 2515 \end{array}$$

c) $54 \cdot 24$

$$\begin{array}{r} 108 \\ + \ 216 \\ \hline 1296 \end{array}$$

/ **Hinweis:** 108 ist das Doppelte von 54, also kannst du in der Aufgabe
/ die 2 ergänzen. 216 erhältst du, wenn du $54 \cdot 4$ rechnest.

3. a) / **Hinweis:** 1 Jahr hat 365 Tage. 10 Jahre haben 3 650 Tage.
   15 Jahre > 3 000 Tage

   b) / **Hinweis:** $1\,000\ \mathrm{g} = 1\ \mathrm{kg} \ \Rightarrow\ 20\,000\ \mathrm{g} = 20\ \mathrm{kg}$
   $20\,000\ \mathrm{g} < 35\ \mathrm{kg}$

   c) / **Hinweis:** $1\,000\ m\ell = 1\ \ell \ \Rightarrow\ 60\,000\ m\ell = 60\ \ell$
   $60\,000\ m\ell < 85\ \ell$

4. a) **keines von beidem**

   b) **proportionale Zuordnung**

   / **Hinweis:** Der Graph einer proportionalen Zuordnung ist eine Ur-
   / sprungsgerade. Wird der eine Wert (auf der x-Achse) verdoppelt,
   / so verdoppelt sich auch der andere Wert (auf der y-Achse).

   c) **antiproportionale Zuordnung**

   / **Hinweis:** Der Graph einer antiproportionalen Zuordnung ist eine
   / Hyperbel. Fällt ein Wert auf die Hälfte, so steigt der andere Wert auf
   / das Doppelte.

5. a) / **Hinweis:** 2 Dreiecke ergeben 1 Quadrat.
   / $100\ \% \mathrel{\hat{=}} 8$ Quadrate
   / $25\ \% \mathrel{\hat{=}} 2$ Quadrate

/ **Hinweis:** Weitere Lösungsmöglichkeiten:

b) **Hinweis:** 2 Dreiecke ergeben 1 Quadrat. Die Gesamtfläche besteht aus 8 Quadraten. 3 Quadrate davon müssen eingefärbt werden.

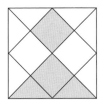

Hinweis: Weitere Lösungsmöglichkeiten:

c) **Hinweis:** Die Gesamtfläche besteht aus 16 Dreiecken. 1 Dreieck muss eingefärbt werden. Du darfst kein Quadrat teilen, weil du nur vorgegebene Teilflächen nutzen darfst.

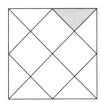

6. a) **Hinweis:** Es wurde mit 5 gekürzt.

$$\frac{25}{35} = \frac{\mathbf{5}}{7}$$

b) **Hinweis:** Es wurde mit 3 erweitert.

$$\frac{1}{4} = \frac{3}{\mathbf{12}}$$

7. **Hinweis:** Beim Spielwürfel sind 3 Zahlen gerade (2, 4, 6) und 3 Zahlen ungerade (1, 3, 5).

	wahr	falsch
a) Die Wahrscheinlichkeit, eine gerade Zahl zu würfeln, ist $\frac{1}{2}$.	☒	☐
b) Es ist wahrscheinlicher, dass eine ungerade Zahl gewürfelt wird.	☐	☒

c) Es ist sicher, dass eine Zahl kleiner als „7" gewürfelt wird.   ☒   ☐

   ✔ **Hinweis:** Die größte Zahl auf einem Spielwürfel ist die „6".

8. a) Die Zahl heißt **58**.

   ✔ **Hinweis:** $4 \cdot 13 = 52$; $52 + 6 = 58$

b) Die Zahl heißt **1**.

   ✔ **Hinweis:** $\sqrt{64} = 8$, denn $8 \cdot 8 = 64$; $8 - 7 = 1$

c) Die Zahl heißt **2**.

   ✔ **Hinweis:**
$$2 \cdot x + 8 = 12 \quad | -8$$
$$2x = 4 \quad | : 2$$
$$x = 2$$

9. a) ✔ **Hinweis:** Klammerrechnung geht vor Punktrechnung.

$$2 \cdot (20 + 3) = 2 \cdot 23 = \mathbf{46}$$

b) ✔ **Hinweis:** Berechne zuerst die beiden Klammern.

$$(5 + 2) \cdot (5 - 3) = 7 \cdot 2 = \mathbf{14}$$

c) $2 \cdot (3 - 3) = 2 \cdot 0 = \mathbf{0}$

   ✔ **Hinweis:** Wenn eine Zahl mit 0 multipliziert wird, ist das Ergebnis
   immer 0.

E-Kurs – Hauptteil

1. $A_{\text{Quadrat}} = 2,5 \text{ cm} \cdot 2,5 \text{ cm}$
$A_{\text{Quadrat}} = 6,25 \text{ cm}^2$

   ✔ **Hinweis:** 2 Dreiecke bilden zusammen ein Quadrat.

$A_{\text{Dreieck}} = 6,25 \text{ cm}^2 : 2$
$A_{\text{Dreieck}} = 3,125 \text{ cm}^2$

   ✔ **Hinweis:** Die graue Fläche besteht aus 4 Quadraten und 5 Dreiecken.

$A_{\text{ges}} = 6,25 \text{ cm}^2 \cdot 4 + 3,125 \text{ cm}^2 \cdot 5$
$A_{\text{ges}} = 25 \text{ cm}^2 + 15,625 \text{ cm}^2$
$A_{\text{ges}} \approx \mathbf{40,63 \text{ cm}^2}$

✐ **Hinweis:** Du kannst auch rechnen: $6{,}25 \text{ cm}^2 \cdot 7 - 3{,}125 \text{ cm}^2$

Der Flächeninhalt beträgt $40{,}63 \text{ cm}^2$.

2. a) ✐ **Hinweis:** Bei 250 Lollis beträgt der Stückpreis im Einkauf 11 Cent.
   ✐ Subtrahiere vom Geld, das Herr Schmidt einnimmt, den Betrag, den er
   ✐ für die Lollis bezahlt hat.

   $250 \cdot 0{,}11 \ € = 27{,}50 \ €$
   $250 \cdot 0{,}35 \ € = 87{,}50 \ €$
   $87{,}50 \ € - 27{,}50 \ € = \mathbf{60 \ €}$

   ✐ **Hinweis:** Du kannst auch zuerst den Gewinn für einen Lolli berechnen:
   ✐ $0{,}35 \ € - 0{,}11 \ € = 0{,}24 \ € \quad \Rightarrow \quad 250 \cdot 0{,}24 \ € = 60 \ €$

   Herr Schmidt macht einen Gewinn von 60 €.

   b) $800 \cdot 0{,}09 \ € = 72 \ €$

   ✐ **Hinweis:** Da Herr Schmidt 2 % Rabatt bekommt, muss er noch 98 %
   ✐ bezahlen.

   $$72 \ € \cdot \frac{98}{100} = \mathbf{70{,}56 \ €}$$

   Der Einkaufspreis für 800 Lollis beträgt 70,56 €.

3. a)

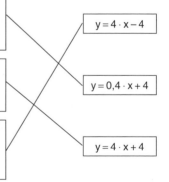

Für die Anmeldung bei einem Musikportal bezahlt man 4 €. Für jeden Songdownload müssen 0,40 € gezahlt werden.

Der Eintritt ins Eisstadion kostet 4 €. Pro Stunde müssen zusätzlich 4 € Leihgebühr für Schlittschuhe gezahlt werden.

Jan verkauft seine CD-Sammlung auf dem Flohmarkt. Für jede CD nimmt er einen Preis von 4 €. Am Ende des Tages muss er eine Standgebühr von 4 € bezahlen.

$y = 4 \cdot x - 4$

$y = 0{,}4 \cdot x + 4$

$y = 4 \cdot x + 4$

   b) ✐ **Hinweis:** Jeder Kilometer kostet 1,50 €, also kosten x Kilometer
   ✐ 1,50 € · x. Dazu kommt die Grundgebühr von 4 €.

   $y = 1{,}5 \cdot x + 4$

4. a) ✎ **Hinweis:** Von 6 Bausteinen ist 1 Baustein einfarbig. 2 von 6 Bausteinen enthalten genau 2 dunkle Würfel.

Ereignis	Wahrscheinlichkeit
Der gezogene Baustein ist einfarbig.	$\frac{1}{6}$
Der gezogene Baustein enthält genau zwei dunkle Würfel.	$\frac{2}{6} = \frac{1}{3}$
Der gezogene Baustein **enthält drei dunkle Würfel**.	$\frac{1}{2}$

✎ **Hinweis:** Möglich wäre auch die Antwort: „... enthält mindestens 2 helle Würfel."

                                                                     wahr   falsch

b) Die Wahrscheinlichkeit, dass der gezogene Baustein mindestens zwei dunkle Würfel enthält, beträgt $\frac{7}{8}$.   ☒ ☐

✎ **Hinweis:** Von 8 Bausteinen hat nur ein Baustein weniger als 2 dunkle Würfel.

Es ist sicher, dass der gezogene Baustein mindestens einen dunklen Würfel enthält.   ☐ ☒

✎ **Hinweis:** Es gibt auch einen Baustein, der keinen dunklen Würfel enthält.

Die Wahrscheinlichkeit, einen Baustein aus zwei dunklen und zwei hellen Würfeln zu ziehen, beträgt $\frac{1}{2}$.   ☒ ☐

✎ **Hinweis:** Von 8 Bausteinen haben 4 Bausteine 2 helle und 2 dunkle Würfel.

5. a) ✎ **Hinweis:** Die Mehrwertsteuer beträgt 19 % der Summe:

$$233,00 \, € \cdot \frac{19}{100} = 44,27 \, €$$

✎ Zum Schluss musst du die Mehrwertsteuer zur Summe addieren.

Thermenreinigung

Material	58,66 €
Arbeitszeit	+ 174,34 €
Summe	233,00 €
Mehrwertsteuer 19 % +	**44,27 €**
Gesamtpreis =	**277,27 €**

b) ✒ **Hinweis:** Um die Kosten für die Arbeitszeit zu berechnen, rechne
✒ 454,00 € − 258,66 € = 195,34 €.
✒ Berechne die Mehrwertsteuer. Dazu kannst du 19 % von 454,00 €
✒ berechnen oder die Differenz aus 540,26 € und 454,00 € bilden.

Fenstereinbau

Material	258,66 €
Arbeitszeit	+ **195,34** €
Summe	454,00 €
Mehrwertsteuer 19 %	+ **86,26** €
Gesamtpreis =	**540,26** €

6. a) ✒ **Hinweis:** α ist der Scheitelwinkel zum Winkel mit 51°.
✒ $\gamma = 180° - 85° = 95°$ (Nebenwinkel)
✒ $\alpha + \beta + \gamma = 180°$, also $\beta = 180° - \alpha - \gamma$ (Winkelsumme im Dreieck)

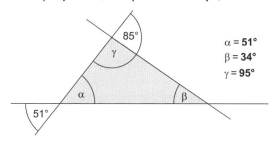

$\alpha = 51°$
$\beta = 34°$
$\gamma = 95°$

b) Scheitelwinkel sind immer **gleich groß**.

7. a) ✒ **Hinweis:** Das Muster ist aus 7 Streichhölzern gelegt und zeigt 3 Drei-
✒ ecke. Wenn du 2 Streichhölzer entfernst, hast du noch 2 Dreiecke.
✒ Wenn du 4 Streichhölzer ergänzt, erhältst du 5 Dreiecke. Um ein
✒ weiteres Dreieck zu legen, benötigst du immer 2 zusätzliche Streich-
✒ hölzer.

Anzahl der Dreiecke (d)	Anzahl der Streichhölzer (s)
2	5
3	7
5	11
10	21

b) ✎ **Hinweis:** Setze die Zahlen aus der Tabelle in die Gleichungen ein.

✎ $s = 7; d = 3$

✎ $s = 2 \cdot d + 1$

✎ $7 = 2 \cdot 3 + 1$

✎ $7 = 7$

✎ Du benötigst immer 2 Streichhölzer für ein Dreieck, nur für das erste
✎ Dreieck benötigst du noch 1 Streichholz mehr.

☐ $s = d + 1$

☐ $s = 2 + d \cdot 1$

☒ $s = 2 \cdot d + 1$

8. a) ✎ **Hinweis:** Du musst den Satz des Pythagoras anwenden. Die Länge der
✎ Hypotenuse soll berechnet werden.

$$a^2 + b^2 = c^2$$
$$(10 \text{ m})^2 + (14 \text{ m})^2 = c^2$$
$$\sqrt{296 \text{ m}^2} = c$$
$$\mathbf{17,20 \text{ m}} \approx c$$

Die Abkürzung ist ca. 17,2 m lang.

b) ✎ **Hinweis:** Berechne zuerst, wie lang der normale Weg wäre.

$10 \text{ m} + 14 \text{ m} = 24 \text{ m}$
$24 \text{ m} - 17,2 \text{ m} = \mathbf{6,8 \text{ m}}$

Die eingesparte Weglänge beträgt 6,8 m.

E-Kurs – Wahlaufgaben

1. a) ✎ **Hinweis:** Suche zunächst in den Bildern nach Dingen, von denen du
✎ die Größe einschätzen kannst. Überlege dir dann, in welchem Ver-
✎ hältnis die bekannte Größe zur gesuchten Größe steht.

Höhe: ca. 2,50 m
Breite: ca. 2,00 m
Länge: ca. 6,50 m

Begründung: Die Person ist ca. 1,80 m groß, ein Fahrrad ist ca. 2 m lang.

b) **Hinweis:** Die Formel zur Volumenberechnung eines Quaders lautet:
$V = a \cdot b \cdot c$

$V = 2{,}50 \text{ m} \cdot 2{,}00 \text{ m} \cdot 6{,}50 \text{ m}$
$V = \mathbf{32{,}50 \text{ m}^3}$

Das Volumen des Containers beträgt 32,5 m³.

c) **Hinweis:** Die Formel zur Flächenberechnung eines Rechtecks lautet:
$A = a \cdot b$

$A = 2{,}50 \text{ m} \cdot 6{,}50 \text{ m}$
$A = \mathbf{16{,}25 \text{ m}^2}$

Die zu streichende Fläche ist 16,25 m² groß.

d) **Hinweis:** $V_{1 \text{ Kiste}} = 0{,}5 \text{ m} \cdot 0{,}5 \text{ m} \cdot 0{,}5 \text{ m} = 0{,}125 \text{ m}^3$

$V_{100 \text{ Kisten}} = 0{,}125 \text{ m}^3 \cdot 100 = 12{,}5 \text{ m}^3$

$V_{260 \text{ Kisten}} = 0{,}125 \text{ m}^3 \cdot 260 = 32{,}5 \text{ m}^3$

Ich stimme eher **Martins Behauptung** zu, denn es passen auf jeden Fall mehr als 100 Kisten in den Container.
Eine Kiste hat ein Volumen von 0,125 m³, 100 Kisten haben ein Volumen von 12,5 m³. Das Volumen des Containers beträgt aber 32,5 m³.

2. a) **Hinweis:** Der Kaufpreis wird auch Anschaffungspreis genannt.

	Anschaffungs-preis im Jahr 2013	Gesamtkosten für Anschaffung und Strom nach **einem** Jahr	Gesamtkosten für Anschaffung und Strom nach **zehn** Jahren
Gefrierschrank 1	**550,00 €**	**620,00 €**	1 250,00 €
Gefrierschrank 2	**650,00 €**	**700,00 €**	1 150,00 €

Hinweis: Gefrierschrank 1 verbraucht 350 kWh in einem Jahr. Um die Gesamtkosten nach einem Jahr zu berechnen, musst du die Stromkosten zum Anschaffungspreis addieren.

Gefrierschrank 1:
$1 \text{ kWh} \triangleq 0{,}20 \text{ €}$
$350 \text{ kWh} \triangleq 70 \text{ €}$
$550{,}00 \text{ €} + 70{,}00 \text{ €} = \mathbf{620{,}00 \text{ €}}$

Hinweis: Gefrierschrank 2 verbraucht 250 kWh in einem Jahr.

Gefrierschrank 2:

$1 \text{ kWh} \triangleq 0,20 \text{ €}$

$250 \text{ kWh} \triangleq 50 \text{ €}$

$650,00 \text{ €} + 50,00 \text{ €} = \mathbf{700,00 \text{ €}}$

b) **Hinweis:** Der eingezeichnete Graph beginnt bei 650 €, es handelt sich
   also um Gefrierschrank 2. Du musst den Graphen für Gefrierschrank 1
   ergänzen. Wähle als Startwert den Anschaffungspreis zum Zeitpunkt 0
   und als 2. Wert die Gesamtkosten nach 10 Jahren.

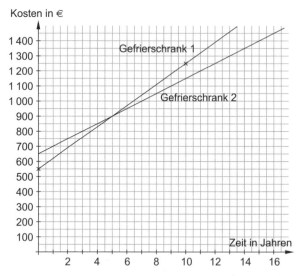

c) **Hinweis:** Die Lösung kannst du aus der Zeichnung ablesen. Beide
   Graphen schneiden sich bei der Zeitangabe von 5 Jahren.

   Nach **5 Jahren** lohnt sich der Kauf von Gefrierschrank 2.

d) Peter **hat recht.**
   Je höher der Strompreis, desto früher lohnt sich die Anschaffung von
   Gefrierschrank 2, da dieser weniger Strom verbraucht.

e) **Hinweis:** Berechne zunächst, wie viel die Familie vor der Erhöhung für
   den Strom bezahlen musste. Es handelt sich um eine proportionale
   Zuordnung.

   $1 \text{ kWh} \triangleq 0,20 \text{ €}$

   $5\,000 \text{ kWh} \triangleq 1\,000 \text{ €}$

$$100\,\% \mathrel{\widehat{=}} 1\,000\,\text{€}$$
$$1\,\% \mathrel{\widehat{=}} 10\,\text{€}$$
$$6\,\% \mathrel{\widehat{=}} \mathbf{60\,\text{€}}$$

Hinweis: Du kannst auch mit der Prozentformel rechnen:

$$P = 1\,000\,\text{€} \cdot \frac{6}{100}$$

$$P = 60\,\text{€}$$

Die Stromkosten erhöhen sich um 60 €.

3. a) Die Zahl **5** hat die besten Chancen, umgedreht zu werden.

    Hinweis: Die Zahl 5 ist die häufigste Zahl, sie kommt insgesamt 4-mal vor.

    b) Das „**Herz**" hat die besten Chancen, umgedreht zu werden.

    Hinweis: Das Kartensymbol „Herz" kommt am häufigsten vor.

    c) **Hinweis:** Auf 2 von 10 Karten steht die Zahl 2.

    Die Wahrscheinlichkeit beträgt $\frac{1}{5}$.

    Hinweis: Du kannst auch sagen, die Wahrscheinlichkeit beträgt $\frac{2}{10}$ oder 20 %.

    d) **Hinweis:** Nachdem die „Karo 3" umgedreht wurde, befinden sich noch 9 Karten mit der Bildseite nach unten auf dem Tisch.

    Die Wahrscheinlichkeit beträgt $\frac{1}{9}$.

    e) Die Zahlen **3 und 4** sowie die Zahlen **2 und 6** werden mit der gleichen Wahrscheinlichkeit umgedreht.

    Hinweis: Die Zahlen 3 und 4 kommen jeweils einmal vor. Die Zahlen 2 und 6 kommen jeweils 2-mal vor.

	wahr	falsch
f) Die Wahrscheinlichkeit, eine Pik-Karte oder eine Kreuz-Karte umzudrehen, ist genauso hoch wie die Wahrscheinlichkeit, eine Herz-Karte umzudrehen.	☒	☐

    Hinweis: Die Wahrscheinlichkeit für eine Pik-Karte oder für eine Kreuz-Karte beträgt $\frac{4}{10}$. Die Wahrscheinlichkeit für eine Herz-Karte beträgt ebenfalls $\frac{4}{10}$.

Die Wahrscheinlichkeit, eine Pik-Karteumzudrehen, beträgt 30 %.   ☒ ☐

✏ **Hinweis:** 3 von 10 Karten haben das Symbol „Pik".

g) ✏ **Hinweis:** Es befinden sich jetzt 12 Karten auf dem Tisch. 5 von 12 Karten sind Herz-Karten.

Pia hat **nicht recht**. Die Anzahl der Herz-Karten ist geringer als die Hälfte aller Karten zusammen.

4. a) ✏ **Hinweis:** Rechne mit der Formel für das Volumen eines Quaders:
✏ $V = a \cdot b \cdot c$

$V_1 = 25 \text{ m} \cdot 12 \text{ m} \cdot 1,80 \text{ m}$
$V_1 = 540 \text{ m}^3$

✏ **Hinweis:** Formel für das Volumen eines Zylinders: $V = \pi \cdot r^2 \cdot h_k$
✏ Da es sich bei dem Sprungbecken um einen halben Zylinder handelt,
✏ musst du noch durch 2 dividieren. Der Radius beträgt 6 m.

$$V_2 = \frac{\pi \cdot (6 \text{ m})^2 \cdot 3 \text{ m}}{2}$$

$V_2 \approx 169,65 \text{ m}^3$

$V_{ges} = 540 \text{ m}^3 + 169,65 \text{ m}^3$
$V_{ges} = 709,65 \text{ m}^3$

✏ **Hinweis:** $1 \text{ m}^3 \; \hat{=} \; 1\,000 \; \ell$

$709,65 \text{ m}^3 = \textbf{709 650 } \boldsymbol{\ell}$

Im gesamten Becken befinden sich 709 650 ℓ Wasser.

b) ✏ **Hinweis:** Es handelt sich um eine proportionale Zuordnung.

$100 \; \ell \; \hat{=} \; 1 \text{ min}$
$709\,650 \; \ell \; \hat{=} \; \textbf{7 096,5 min}$

✏ **Hinweis:** Du kannst auch rechnen:
✏ $709\,650 \; \ell : 100 \; \dfrac{\ell}{\text{min}} = 7\,096,5 \text{ min}$

Das Becken ist nach 7 096,5 min gefüllt.

c) $100 \text{ m} \triangleq 52,07 \text{ s}$
   $25 \text{ m} \triangleq \mathbf{13,02\,s}$

   Hinweis: 25 ist ein Viertel von 100, also kannst du auch rechnen:
   $52,07 \text{ s} : 4 \approx 13,02 \text{ s}$

d) **Hinweis:** Berechne zunächst, wie groß die Fläche des Schwimmbeckens ist. Beachte: Das Sprungbecken gehört nicht dazu.

   $A = 25 \text{ m} \cdot 12 \text{ m}$
   $A = 300 \text{ m}^2$

   Hinweis: Wenn Menschen eng zusammen stehen, passen ca. 6 Personen auf 1 m².

   $1 \text{ m}^2 \triangleq 6 \text{ Personen}$
   $300 \text{ m}^2 \triangleq 1\,800 \text{ Personen}$

   Die Zahlen können **nicht stimmen**, da auf einer Fläche von 300 m² niemals 10 000 Menschen Platz haben. Es würden höchstens 1 500 bis 2 000 Personen gleichzeitig im Schwimmbecken Platz finden.

G-Kurs – Hauptteil

1. **Hinweis:** $A_{\text{Quadrat}} = a \cdot a$

   $A_{\text{Quadrat}} = 3 \text{ cm} \cdot 3 \text{ cm}$
   $A_{\text{Quadrat}} = 9 \text{ cm}^2$

   Hinweis: 2 Dreiecke bilden zusammen ein Quadrat. 4 Dreiecke bilden also 2 Quadrate: 2 Quadrate + 4 Quadrate = 6 Quadrate

   $A_{\text{ges}} = 9 \text{ cm}^2 \cdot 6$
   $A_{\text{ges}} = \mathbf{54 \text{ cm}^2}$
   Die graue Fläche beträgt 54 cm².

2. a) **Hinweis:** Da Herr Schmidt mehr als 500 Lollis kauft, muss er 9 Cent pro Stück bezahlen.

   $600 \cdot 0,09 \text{ €} = \mathbf{54 \text{ €}}$

   Herr Schmidt muss 54 € bezahlen.

b) ✎ **Hinweis:** Berechne zunächst, wie viel Herr Schmidt einnimmt. Vergiss nicht, die 54 € zu subtrahieren, die Herr Schmidt an den Süßwarenhändler bezahlen musste.

$600 \cdot 0{,}35 \: € = 210 \: €$

$210 \: € - 54 \: € = \mathbf{156 \: €}$

Herr Schmidt macht einen Gewinn von 156 €.

c) $9{,}10 \: € : 0{,}35 \: € = \mathbf{26}$

✎ **Hinweis:** Du kannst die Preise auch in Cent umwandeln:

$910 \: \text{Ct} : 35 \: \text{Ct} = 26$

Es sind 26 Schüler in der Klasse.

3. a) ✎ **Hinweis:** Pro Lied müssen 0,80 € bezahlt werden. Der Preis für die Anmeldung muss immer noch dazu gerechnet werden.

Anzahl der Lieder	Gesamtpreis für den Download
1 Lied	**4,80 €**
12 Lieder	**13,60 €**
10 Lieder	12 €

b) ✎ **Hinweis:** Jeder Download kostet 0,80 €, also kosten x Downloads 0,80 € · x. Für die Anmeldung werden einmalig 4 € bezahlt.

☐ $y = 4 + x + 0{,}80$ ☒ $y = 0{,}80 \cdot x + 4$ ☐ $y = 4 \cdot x + 0{,}80$

                                                               wahr   falsch

4. a) Es ist unmöglich, dass der Baustein genau einen dunklen Würfel enthält.   ☒ ☐

✎ **Hinweis:** Es gibt keinen Baustein mit genau einem dunklen Würfel.

Es ist möglich, dass der Baustein drei dunkle Würfel enthält.   ☒ ☐

✎ **Hinweis:** 4 Bausteine besitzen 3 dunkle Würfel.

Es ist sicher, dass der Baustein mindestens einen hellen Würfel enthält.   ☒ ☐

✎ **Hinweis:** Alle Bausteine besitzen mindestens einen hellen Würfel.

b) **Hinweis:** Von 6 Bausteinen ist ein Baustein einfarbig, 4 Bausteine haben 3 dunkle Würfel und nur ein Baustein hat 2 dunkle und 2 helle Würfel.

Ereignis	Wahrscheinlichkeit
Der Baustein ist einfarbig.	$\frac{1}{6}$
Der Baustein enthält genau drei dunkle Würfel.	$\frac{4}{6} = \frac{2}{3}$
Der Baustein setzt sich aus zwei dunklen und zwei hellen Würfeln zusammen.	$\frac{1}{6}$

5. a) **Hinweis:** Du musst hier insgesamt 2 Additionsaufgaben lösen.

Malerarbeiten

Material	138,37 €
Arbeitszeit	+ 285,63 €
Summe	**424,00 €**

Mehrwertsteuer 19 % +	80,56 €
Gesamtpreis =	**504,56 €**

b) **Hinweis:** Berechne die Mehrwertsteuer mit der Formel oder mit dem Dreisatz:

$$P = 335{,}00 \ € \cdot \frac{19}{100} = 63{,}65 \ €$$

$100 \ \% \ \hat{=} \ 335{,}00 \ €$
$1 \ \% \ \hat{=} \ 3{,}35 \ €$
$19 \ \% \ \hat{=} \ 63{,}65 \ €$

Addiere für den Gesamtpreis die Mehrwertsteuer zur Summe.

Dachreparatur

Material	214,55 €
Arbeitszeit	+ 120,45 €
Summe	335,00 €

Mehrwertsteuer 19 % +	**63,65 €**
Gesamtpreis =	**398,65 €**

6. a) **Hinweis:**
$85° + 51° = 136°$ $\Rightarrow$ $\alpha = 180° - 136° = 44°$ (Winkelsumme im Dreieck)
$\beta + 85° = 180°$ $\Rightarrow$ $\beta = 180° - 85° = 95°$ (Nebenwinkel)
Scheitelwinkel sind immer gleich groß.

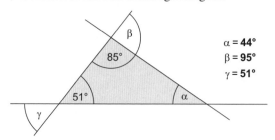

$\alpha = \mathbf{44°}$
$\beta = \mathbf{95°}$
$\gamma = \mathbf{51°}$

b) Die Summe aller Winkel in einem Dreieck beträgt **immer 180°**.

7. a) **Hinweis:** Wenn du vom abgebildeten Muster 2 Streichhölzer entfernst,
bleiben 2 Dreiecke aus 5 Streichhölzern:

oder

Wenn du 2 Streichhölzer ergänzt, erhältst du 4 Dreiecke:

oder

Wenn du 4 weitere Streichhölzer ergänzt, erhältst du 6 Dreiecke.

Anzahl der Dreiecke	Anzahl der Streichhölzer
2	5
3	7
4	9
6	13

b) **Hinweis:** Überprüfe, indem du die Werte aus der Tabelle einsetzt:

Anzahl der Dreiecke Anzahl der Streichhölzer

$2 \cdot \boxed{2} + 1 = \boxed{5}$
$2 \cdot \boxed{3} + 1 = \boxed{7}$
$2 \cdot \boxed{4} + 1 = \boxed{9}$
$2 \cdot \boxed{6} + 1 = \boxed{13}$

| X | Verdoppelt man die Anzahl der Dreiecke und addiert 1, so erhält man die Anzahl der Streichhölzer. |

☐ Die Anzahl der Streichhölzer ist immer doppelt so groß wie die Anzahl der Dreiecke.

☐ Zwischen der Anzahl der Dreiecke und der Anzahl der Streichhölzer gibt es keinen Zusammenhang.

8. ✏ **Hinweis:** Es gibt viele Lösungen. Prüfe zum Schluss, ob der Umfang
✏ wirklich 18 cm beträgt.

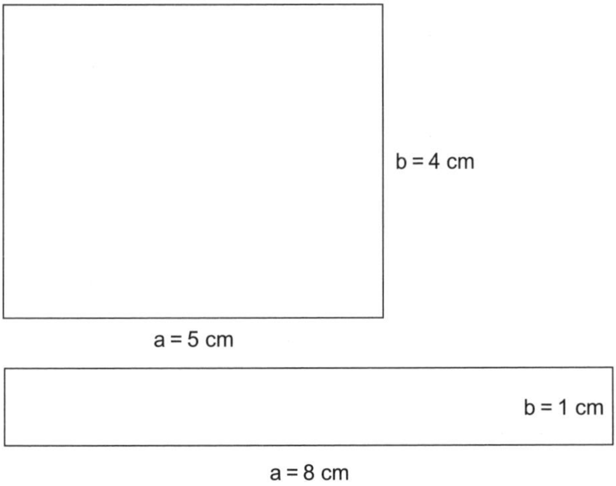

b = 4 cm

a = 5 cm

b = 1 cm

a = 8 cm

9. a) ✏ **Hinweis:** Die Formel zur Volumenberechnung eines Quaders lautet:
✏ $V = a \cdot b \cdot c$

$V = 1 \text{ m} \cdot 1 \text{ m} \cdot 0{,}80 \text{ m}$
$V = \mathbf{0{,}80 \text{ m}^3}$
Es passen 0,80 m³ Erde in den Blumenkübel.

b) $0{,}80 \text{ m}^3 : 0{,}20 \text{ m}^3 = \mathbf{4}$

✏ **Hinweis:** Du kannst auch rechnen:
✏ 1 Sack $\triangleq 0{,}2 \text{ m}^3$
✏ 4 Säcke $\triangleq 0{,}8 \text{ m}^3$

Es werden 4 Säcke mit Erde benötigt.

1. a) ✔ **Hinweis:** Suche zunächst in den Bildern nach Dingen, von denen du
        ✔ die Größe einschätzen kannst. Wähle solche Zahlen, mit denen man
        ✔ relativ gut rechnen kann, es sind nur Schätzwerte.

    Höhe des Containers: **2,50 m**, weil die Person ca. **1,80 m groß ist.**

    Breite des Containers: **2,00 m, weil die Breite ungefähr mit der Größe
    der Person übereinstimmt.**

    Länge des Containers: **6,50 m, weil ein Fahrrad ca. 2,00 m lang ist und
    zwischen den Rädern noch ein wenig Platz ist.**

    b) ✔ **Hinweis:** Du musst die Volumenformel für einen Quader benutzen:
        ✔ $V = a \cdot b \cdot c$

    $V = 2,50 \text{ m} \cdot 2,00 \text{ m} \cdot 6,50 \text{ m}$
    $V = \textbf{32,50 m}^3$

    Das Volumen des Containers beträgt 32,5 m³.

    c) ✔ **Hinweis:** Berechne zuerst, wie groß die zu streichende Fläche ist.
        ✔ Die Formel lautet: $A = a \cdot b$

    $A = 2,50 \text{ m} \cdot 6,50 \text{ m}$
    $A = \textbf{16,25 m}^2$

    ✔ **Hinweis:** Berechne dann die nötige Farbmenge. Es handelt sich um
    ✔ eine proportionale Zuordnung.

    $$1 \text{ m}^2 \mathrel{\hat{=}} 0,25 \, \ell$$
    $$16,25 \text{ m}^2 \mathrel{\hat{=}} \textbf{4,06} \, \boldsymbol{\ell}$$

    Insgesamt werden ca. 4,06 ℓ Farbe benötigt.

    d) ✔ **Hinweis:** Da man mehr als 4 ℓ Farbe benötigt, muss man 5 Dosen
        ✔ Farbe kaufen.

    $8 \, € \cdot 5 = \textbf{40 €}$

    Die benötigte Farbe kostet 40 €.

2. a) ✔ **Hinweis:** $400 \text{ kWh} \cdot 0,20 \, \dfrac{€}{\text{kWh}} = 80,00 \, €$

        ✔ $250 \text{ kWh} \cdot 0,20 \, \dfrac{€}{\text{kWh}} = 50,00 \, €$

	Stromkosten pro Jahr in €
Gefrierschrank 1	80,00 €
Gefrierschrank 2	50,00 €

b)

	Anschaffungs-preis im Jahr 2013	Gesamtkosten für Anschaffung und Strom nach **einem** Jahr	Gesamtkosten für Anschaffung und Strom nach **zehn** Jahren
Gefrierschrank 1	600,00 €	680,00 €	1 400,00 €
Gefrierschrank 2	750,00 €	800,00 €	1 250,00 €

Hinweis: Die Stromkosten für ein Jahr für Gefrierschrank 1 betragen 80 €. Die Stromkosten für 10 Jahre betragen $10 \cdot 80 \, € = 800 \, €$.

ein Jahr: $600 \, € + 80 \, € = 680 \, €$
10 Jahre: $600 \, € + 800 \, € = 1\,400 \, €$

Hinweis: Die Stromkosten für ein Jahr für Gefrierschrank 2 betragen 50 €. Die Stromkosten für 10 Jahre betragen $10 \cdot 50 \, € = 500 \, €$.

ein Jahr: $750 \, € + 50 \, € = 800 \, €$
10 Jahre: $750 \, € + 500 \, € = 1\,250 \, €$

c) **Hinweis:** Der Graph von Gefrierschrank 1 beginnt bei einem Anschaffungspreis von 600 €, der von Gefrierschrank 2 beginnt bei 750 €.

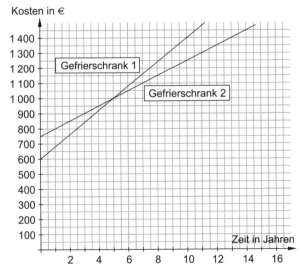

d) ✎ **Hinweis:** Bei der Zeitangabe von 5 Jahren kreuzen sich die beiden Graphen. Erst hat Gefrierschrank 1 niedrigere Kosten. Zum Zeitpunkt von 5 Jahren haben beide Gefrierschränke die gleichen Kosten. Danach ist Gefrierschrank 2 preiswerter.

Nach **5 Jahren** lohnt sich der Kauf von Gefrierschrank 2.

e) ✎ **Hinweis:** Berechne zunächst, wie viel die Familie vor der Erhöhung für den Strom bezahlen musste. Es handelt sich um eine proportionale Zuordnung.

$$1 \text{ kWh} \triangleq 0,20 \text{ €}$$
$$5\,000 \text{ kWh} \triangleq 1\,000 \text{ €}$$

$$100 \% \triangleq 1\,000 \text{ €}$$
$$1 \% \triangleq 10 \text{ €}$$
$$6 \% \triangleq \mathbf{60 \text{ €}}$$

✎ **Hinweis:** Du kannst auch mit der Prozentformel rechnen:

$$P = 1\,000 \text{ €} \cdot \frac{6}{100}$$
$$P = 60 \text{ €}$$

Die Stromkosten erhöhen sich um 60 €.

3. a) Die Zahl **5** hat die besten Chancen, umgedreht zu werden.

✎ **Hinweis:** Die Zahl 5 kommt am häufigsten vor.

b) Das Kartensymbol „**Herz**" hat die besten Chancen, umgedreht zu werden.

✎ **Hinweis:** Von den 10 Spielkarten haben die meisten das Kartensymbol „Herz".

c) ✎ **Hinweis:** Die Zahl 2 steht auf 2 von 10 Karten.

Die Wahrscheinlichkeit beträgt $\frac{2}{10} = \frac{1}{5} = 20 \%$.

d) ✎ **Hinweis:** Auf einer von 10 Karten kommt das Symbol „Kreuz" vor.

Die Wahrscheinlichkeit beträgt $\frac{1}{10} = 10 \%$.

	wahr	falsch
e) Die Wahrscheinlichkeit, dass eine Karo-Karte umgedreht wird, ist am geringsten.	☐	☒

✎ **Hinweis:** Es gibt 2 Karo-Karten, aber nur eine Kreuz-Karte, also ist die Wahrscheinlichkeit, eine Kreuz-Karte umzudrehen, am geringsten.

Die Wahrscheinlichkeit, eine Pik-Karte oder eine Kreuz-Karte umzudrehen, ist genauso hoch wie die Wahrscheinlichkeit, eine Herz-Karte umzudrehen.   ☒   ☐

✔ **Hinweis:** Die Wahrscheinlichkeit für eine Pik-Karte oder für eine Kreuz-Karte beträgt $\frac{4}{10}$. Die Wahrscheinlichkeit für eine Herz-Karte beträgt ebenfalls $\frac{4}{10}$.

Die Wahrscheinlichkeit, eine Pik-Karteumzudrehen, beträgt 30 %.   ☒   ☐

✔ **Hinweis:** 3 von 10 Karten haben das Symbol „Pik".

Die Wahrscheinlichkeit, eine „Kreuz 4" umzudrehen, beträgt 0 %.   ☒   ☐

✔ **Hinweis:** Bei dieser Aufgabe gibt es viele Lösungen.
✔ Überlege dir mehrere Beispiele.

f) ✔ **Hinweis:** Nachdem die „Karo 3" umgedreht wurde, befinden sich noch
✔ 9 Karten mit der Bildseite nach unten auf dem Tisch.
Die Wahrscheinlichkeit beträgt $\frac{1}{9}$.

4. a) ✔ **Hinweis:** Die Volumenformel für einen Quader lautet: $V = a \cdot b \cdot c$

$V_1 = 25 \text{ m} \cdot 12 \text{ m} \cdot 1{,}80 \text{ m}$
$V_1 = 540 \text{ m}^3$

$1 \text{ m}^3 \; \hat{=} \; 1\,000 \; \ell$
$540 \text{ m}^3 \; \hat{=} \; \mathbf{540\,000 \; \ell}$

Im Becken befinden sich 540 000 ℓ Wasser.

b) ✔ **Hinweis:** Die Flächenformel für ein Rechteck lautet: $A = a \cdot b$

$A = 25 \text{ m} \cdot 12 \text{ m}$
$A = \mathbf{300 \text{ m}^2}$

Die Plane hat einen Flächeninhalt von 300 m².

c) ✔ **Hinweis:** Es handelt sich um eine proportionale Zuordnung.

$1 \text{ m}^3 \; \hat{=} \; 25 \; €$
$300 \text{ m}^3 \; \hat{=} \; \mathbf{7\,500 \; €}$

Die Kosten für die Schutzplane betragen 7 500 €.

d) $100 \, \ell \stackrel{\wedge}{=} 1 \, \text{min}$
     $540\,000 \, \ell \stackrel{\wedge}{=} \mathbf{5\,400 \, min}$

✏ **Hinweis:** Du kannst auch rechnen: $540\,000 \, \ell : 100 \, \frac{\ell}{\text{min}} = 5\,400 \, \text{min}$

Das Becken ist nach 5 400 min gefüllt.

e) ✏ **Hinweis:** Für die halbe Strecke benötigt sie die halbe Zeit.

$23{,}73 \, \text{s} : 2 \approx \mathbf{11{,}87 \, s}$

Sie würde ca. 11,87 s benötigen.

f) ✏ **Hinweis:** $A = 50 \, \text{m} \cdot 24 \, \text{m} = 1\,200 \, \text{m}^2$
    ✏ $V = 50 \, \text{m} \cdot 24 \, \text{m} \cdot 1{,}80 \, \text{m} = 2\,160 \, \text{m}^3$

☐ Die Wasseroberfläche ist doppelt so groß.

☒ Die Wasseroberfläche ist viermal so groß.

☐ Die Wasseroberfläche ist achtmal so groß.

☐ Das Volumen ist doppelt so groß.

☒ Das Volumen ist viermal so groß.

☐ Das Volumen ist achtmal so groß.

E-Kurs und G-Kurs – Allgemeiner Teil

Punkte

1. Berechne.   3

   a) $60{,}23 - 10{,}20 =$ b) $230{,}9 : 100 =$

   c) $3{,}128 \cdot 1\,000 =$

2. Runde auf zwei Stellen hinter dem Komma.   2

   a) $1{,}6725 \approx$ b) $27{,}167 \approx$

3. Berechne.   3

   a) $83{,}19 + 2{,}74 =$ b) $144{,}65 - 13{,}70 =$

   c) $20{,}5 \cdot 6 =$

4. Trage die passende Maßeinheit ein.   3

mm	cm	m	mm²	cm²	m²	g	kg	t	min	h

   a) Die Fläche einer Tischtennisplatte beträgt 4,1 _____.

   b) Die Weltrekordzeit der Männer im Marathonlauf liegt unter 3 ____.

   c) Eine Waschmaschine wiegt ca. 80 _____.

5. Als das Flugzeug am Morgen um 7:40 Uhr in Hannover abfliegt,   2
   zeigt das Thermometer $-4\,°C$. Bei der Landung um 12:42 Uhr in
   Casablanca sind es $25\,°C$.

   Vervollständige die Aussagen.

   a) Die Flugzeit beträgt _____.

   b) Der Temperaturunterschied beträgt _____.

6. a) Erweitere: $\dfrac{1}{3} = \dfrac{\blacksquare}{9}$ 2

   b) Kürze so weit wie möglich. $\dfrac{15}{20} = \dfrac{\blacksquare}{\blacksquare}$

7. Wahr oder falsch? Trage in das Kästchen ein w für wahr oder ein f für   3
   falsch ein.

   0,5 ist das Gleiche wie …

   $1:2$ ☐ $\frac{1}{4}$ ☐ $\frac{1}{2}$ ☐ $5\,\%$ ☐ $50\,\%$ ☐ $\frac{50}{10}$ ☐

8. Ein Download ist bisher zu 25 % erfolgt. Insgesamt braucht der   1
   Computer 1 min.
   Berechne, wie viele Sekunden bisher vergangen sind.

   25 %

   Der Download hat bisher _____ s gedauert.

9. Füge Klammern so ein, dass die Gleichung stimmt.   1
   $7 - 5 \cdot 3 - 1 = 5$

10. Welcher Anteil der Fläche ist grau eingefärbt?   3
    Gib das Ergebnis als Bruch, Dezimalbruch
    und in Prozent an.

    Bruch: _____   Dezimalbruch: _____   Prozent: _____

11. Bei einem Würfel sind die gegenüberliegenden Seiten gleichfarbig   2
    gestaltet. Zwei Seiten sind grün (g), zwei rot (r) und zwei blau (b).

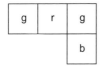

    a) Ergänze zum Würfelnetz.
    b) Trage in das Würfelnetz die fehlenden Farbangaben ein.

12. Kreuze an, welcher der drei Graphen jeweils zu den folgenden drei   3
    Aussagen passt.

a) 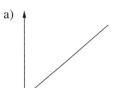   b) 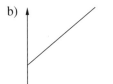   c)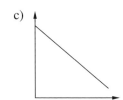

| | Graph | | |
	a)	b)	c)
Eine Kerze brennt mit gleichmäßiger Flamme ab.	☐	☐	☐
Ein Schwimmbecken läuft gleichmäßig mit Wasser voll.	☐	☐	☐
Eine Taxifahrt kostet 4 € Grundgebühr und 20 Cent pro gefahrenem Kilometer.	☐	☐	☐

Beachte:
* Alle Rechenwege müssen klar und übersichtlich aufgeschrieben werden.
* Runde jedes Ergebnis auf 2 Stellen hinter dem Komma.

Punkte

Aufgabe 1

Tina hat in der Schülerfirma die Aufgabe erhalten, Schrauben zu sortieren und zu zählen.

	20 mm Edelstahl	18 mm	17 mm	16 mm	15 mm
Schrauben-art					
Anzahl	33	14	20	49	24

	14 mm	11 mm	10 mm	9 mm
Schrauben-art				
Anzahl	17	43	45	55

a) Gib an, wie viele Schrauben Tina insgesamt sortieren musste.   1

b) Die 20 mm langen Schrauben sind aus Edelstahl.   2
   Berechne den prozentualen Anteil der Edelstahlschrauben an der
   Gesamtmenge.
   (Wenn du a nicht lösen konntest, gehe von einer Gesamtmenge von
   330 Schrauben aus.)

c) Schrauben unter 15 mm kosten 10 Cent pro Stück. Schrauben, die   3
   15 mm oder länger sind, kosten 12 Cent pro Stück. Berechne die
   Einnahmen der Schülerfirma beim Verkauf aller Schrauben.

Aufgabe 2

Familie Müller nimmt einen Kleinkredit über 1 275 Euro für acht Monate   3
auf. Der Zinssatz beträgt jährlich 13,6 %.
Berechne den Gesamtbetrag, den Familie Müller zurückzahlen muss.

Aufgabe 3

Das Schaubild zeigt die Gewinne und Verluste für einen Kiosk in der
ersten Jahreshälfte.

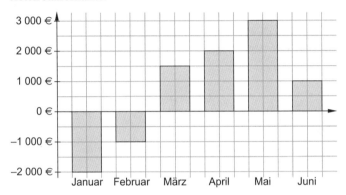

a) Gib an, in welchen Monaten es Verluste gab.   1

b) Berechne den Gesamtgewinn für die dargestellten Monate.   1
   Berücksichtige die Verluste.

c) Für das zweite Halbjahr plant das Unternehmen eine Steigerung des   2
   Gesamtgewinns um 10 %. Berechne, wie viel Euro im 2. Halbjahr
   erwirtschaftet werden müssen.
   (Wenn du b nicht rechnen konntest, rechne mit einem Gewinn von
   6 500 € weiter.)

Aufgabe 4

a) Berechne die Länge der Bildschirm-   2
   diagonale.

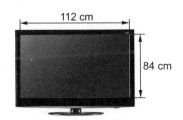
112 cm
84 cm

b) Bildschirmdiagonalen werden oft in Zoll angegeben. 1 cm entspricht ungefähr 0,4 Zoll. Gib die Länge der Diagonale in Zoll an. (Wenn du a nicht berechnen konntest, gehe von einer Bildschirmdiagonale von 120 cm aus.)   1

c) Peter behauptet: *„Die Fläche des Bildschirms ist größer als 1 m²."* Hat er recht? Begründe rechnerisch.   3

Aufgabe 5

In einem Eimer befinden sich Lose mit den Nummern 1 bis 50.

a) Klaus kauft vier Lose. Die vier Lose haben die Nummern 45, 27, 2 und 33. Bestimme die Wahrscheinlichkeit (p) dafür, dass das fünfte Los die Nummer 7 hat.   1

p = _____

b) Das fünfte Los hatte die Nummer 7. Notiere alle einstelligen Zahlen der Lose, die noch im Eimer sind.   1

c) Gib die Wahrscheinlichkeit dafür an, mit dem sechsten Los eine einstellige Zahl zu ziehen.   1

p = _____

Aufgabe 6

Herr Lange stellt in der Gesamtkonferenz die Statistik für die Schülerunfälle seiner Schule vor.

Schülerunfälle im Jahr 2013

sonstiger Unterricht 18 %
Schulhof 28 %
Exkursionen 10 %
Schulweg 12 %
Sportunterricht 32 %

a) Die Anzahl aller Unfälle betrug 175. Berechne, wie viele Unfälle im Sportunterricht passierten.   2

b) Herr Lange behauptet, dass von den 175 Unfällen 84 auf dem Schulhof passiert sind.   3
Überprüfe rechnerisch, ob diese Aussage mit der Angabe auf dem Schaubild übereinstimmt. Formuliere einen Antwortsatz.

c) Sind die Aussagen wahr oder falsch? Kreuze an.   falsch wahr   1

Über ein Viertel der Unfälle geschehen auf dem Schulweg.   ☐ ☐

Mehr als die Hälfte der Unfälle passieren außerhalb des Sportunterrichts.   ☐ ☐

Aufgabe 7

Für ein Festessen stellen die Praktikanten im Rathaus Tische und Stühle wie in der Abbildung zusammen.

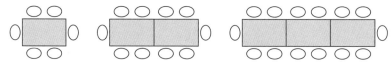

a) Wie viele Tische und Stühle werden gebraucht? Ergänze die fehlenden Angaben in der Tabelle.   3

Tische (x)	1	2	5	7	
Stühle (y)	6	10			50

b) Welche Gleichung beschreibt den Zusammenhang zwischen der Anzahl der Tische (x) und der Anzahl der Stühle (y)? Kreuze die richtige Gleichung an.   1

☐ $y = 4 \cdot x + 1$ ☐ $y = 4 \cdot x + 2$ ☐ $y = \dfrac{x}{4} + 2$

Aufgabe 8

Eine Baugrube ist 22 m lang, 16 m breit und 3 m tief.

a) Berechne das Volumen der Baugrube.   2

b) Für den Abtransport der Erde werden Lastkraftwagen benötigt.   2
Jeder Lastkraftwagen kann 15 m³ abtransportieren.
Berechne, mit wie vielen Fahrten die gesamte Erdmenge abtransportiert werden kann.

Punkte

Wahlaufgabe 1

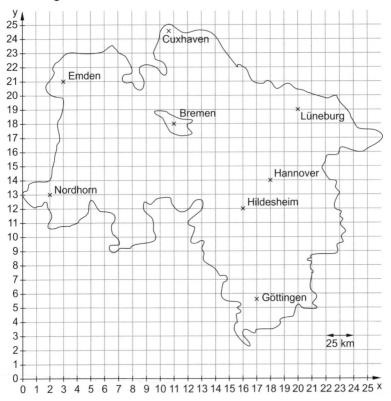

a) Lies die Koordinaten der Stadt Hannover ab und trage sie ein: 1

(____|____)

b) Übertrage die Koordinaten und den Namen der Stadt Oldenburg 1
(7 | 18) in das Gitternetz.

c) Hier siehst du die Abfahrtzeiten des Zuges und die Entfernungen 2
zwischen den Orten. Berechne die Fahrzeit und die Länge der
gesamten Strecke.

Bremen 12:09 Uhr	36,7 km	Verden 12:29 Uhr	33 km	Nienburg 12:47 Uhr	56,3 km	Hannover 13:39 Uhr

d) Bestimme die Durchschnittsgeschwindigkeit $\left(\frac{km}{h}\right)$ des Zuges von Bremen nach Hannover. 2

e) Miss die Strecke (Luftlinie) zwischen den Städten Nordhorn und Lüneburg aus und gib die Entfernung in km an. 2

f) Jonas behauptet: „*Bremen und Hannover sind etwa 100 km (Luftlinie) voneinander entfernt. Dann kann die Länge der angegebenen Bahnstrecke von über 120 km nicht stimmen.*" 2

Hat er recht? Begründe.

Wahlaufgabe 2

Die Schülerfirma erhält den Auftrag, auf dem Schulgelände ein Blumenbeet und eine Sandgrube anzulegen.

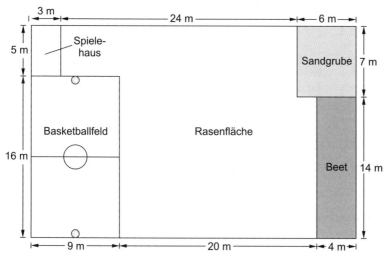

(Die Zeichnung ist **nicht** maßstabsgetreu.)

a) Beim Bepflanzen des Beetes werden pro Quadratmeter 9 Pflanzen benötigt. Berechne die Anzahl der benötigten Pflanzen. 3

b) Die Sandgrube wird 0,5 m tief ausgehoben und bis zum Rand mit Sand gefüllt. Berechne das Volumen des benötigten Sandes. 2

c) Der Sand muss mit Schubkarren zur Sandgrube gebracht werden.   3
6 Jugendliche wollen das übernehmen. In eine Schubkarre passen
0,07 m³ Sand. Gib an, wie oft jeder von ihnen fahren muss.
(Wenn du Aufgabe b nicht lösen konntest, rechne mit einem Sand-
volumen von 42 m³ weiter.)

d) Hier sieht man die Skizze einer anderen   2
viereckigen Sandgrube.

Iskia behauptet: „*Wenn die Seiten eines
Vierecks 3 m und 4 m sind und die Diagonale 5 m lang ist, muss das Viereck
ein rechtwinkliges Viereck sein.*"

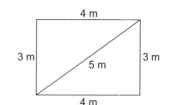

Hat sie recht? Begründe rechnerisch.

(Zeichnung ist **nicht** maßstabsgetreu.)

Wahlaufgabe 3

Neben dem bekannten sechsflächigen Spielwürfel
gibt es auch andere gleichmäßige Körper, die
sich als Spielwürfel eignen. Hier siehst du ein
Dodekaeder. Er hat 12 gleich große Flächen mit
den Zahlen 1 bis 12.

a) Ergänze die Tabelle.   4

Ereignis	Wahrscheinlichkeit (p)
Mit dem Würfel wird eine „7" geworfen.	
Mit dem Würfel wird eine Augenzahl geworfen, die höher als „3" ist.	
Mit dem Würfel wird eine gerade Augenzahl geworfen.	
	$p = \dfrac{4}{12}$ oder $\dfrac{1}{3}$

b) Abgebildet ist das Netz eines Dodekaeders.   3

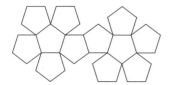

Färbe das Netz so, dass folgende Wahrscheinlichkeiten gelten:

$$p\,(\text{grau}) = \frac{1}{6} \qquad\qquad p\,(\text{schwarz}) = \frac{3}{4}$$

Wie hoch ist die Wahrscheinlichkeit für weder „grau" noch „schwarz"?

$p\,(\text{weiß}) = \underline{\hspace{3cm}}$

c) Gib die Wahrscheinlichkeit dafür an, mit dem dargestellten Oktaeder (Würfel mit 8 gleich großen Flächen mit den Zahlen 1 bis 8) eine „7" zu werfen.

1

d) Beim Spiel „Mensch ärgere dich nicht" wird mit einem normalen sechsflächigen Würfel geworfen. Wenn die Augenzahl „6" geworfen wird, kommt ein Spielstein ins Feld.

2

Peter behauptet: „*Wenn ich zehnmal keine ‚6' geworfen habe, dann steigt die Wahrscheinlichkeit, dass beim 11. Wurf eine ‚6' kommt!*"

Stimmst du der Aussage zu? Begründe.

Wahlaufgabe 4

Der Kartenausschnitt zeigt die bei Urlaubern beliebte Ferieninsel Gran Canaria.

1 cm auf der Karte entspricht 10 km in der Wirklichkeit

a) Zeichne einen Durchmesser der Insel in die Karte ein.

1

b) Bestimme die Länge des Durchmessers in Kilometern.

1

c) Berechne die ungefähre Länge der eingezeichneten Küstenstraße von   3
Las Palmas bis Puerto Rico.

d) Berechne den ungefähren Flächeninhalt von Gran Canaria.   2
Gran Canaria hat eine Fläche von etwa _____.

e) Jonas behauptet: 2
„*Wenn die Informationen des Textes richtig sind, muss das Diagramm
falsch beschriftet sein.*"

Gran Canaria – Sonnenziel europäischer Urlauber

Gran Canaria ist als Urlaubsziel sehr beliebt.
2012 kamen 32 % der Urlauber aus deutschsprachigen Ländern, 30 % aus Skandinavien
und 20 % aus Großbritannien.
Die übrigen Urlauber kamen aus aller Welt.

Hat er recht? Begründe.

f) Jährlich besuchen 2,8 Millionen Touristen die Insel. Überschlage die   1
Anzahl der deutschsprachigen Touristen. Kreuze die richtige Angabe
an.

☐ 90 000   ☐ 500 000   ☐ 900 000

Beachte:
- Alle Rechenwege müssen klar und übersichtlich aufgeschrieben werden.
- Runde jedes Ergebnis auf 2 Stellen hinter dem Komma.

Punkte

Tina hat in der Schülerfirma die Aufgabe erhalten, Schrauben zu sortieren und zu zählen.

	20 mm Edelstahl	18 mm	17 mm	16 mm	15 mm	14 mm	11 mm
Schraubenart							
Anzahl	30	14	20	49	24	17	46

a) Gib an, wie viele Schrauben Tina insgesamt sortieren musste.　　1

b) Die 20 mm langen Schrauben sind aus Edelstahl.　　2
   Berechne den prozentualen Anteil der Edelstahlschrauben an der Gesamtmenge.
   (Wenn du a nicht lösen konntest, gehe von einer Gesamtmenge von 250 Schrauben aus.)

c) Schrauben unter 15 mm kosten 10 Cent pro Stück. Schrauben, die　　3
   15 mm oder länger sind, kosten 12 Cent pro Stück. Berechne die Einnahmen der Schülerfirma beim Verkauf aller Schrauben.

Aufgabe 2

Familie Müller nimmt einen Kleinkredit über 1 275 Euro auf. Der Zins-　　3
satz beträgt jährlich 12,6 %. Nach genau einem Jahr zahlt Familie Müller das Geld zurück.
Berechne den gesamten Betrag, den Familie Müller nach einem Jahr zurückzahlen muss.

Aufgabe 3

Das Schaubild zeigt die Gewinne und Verluste für einen Kiosk in der
ersten Jahreshälfte.

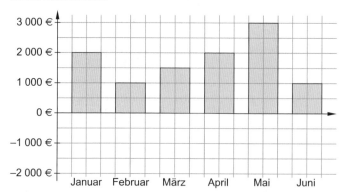

a) Berechne den Gewinn für die erste Jahreshälfte.   1

b) Für das zweite Halbjahr plant das Unternehmen eine Steigerung des   2
   Gesamtgewinns um 10 %. Gib an, wie viel Euro im 2. Halbjahr
   erwirtschaftet werden müssen.
   (Wenn du b nicht rechnen konntest, rechne mit einem Gewinn von
   12 500 Euro weiter.)

Aufgabe 4

Für ein Festessen stellen die Praktikanten im Rathaus Tische und Stühle
wie in der Abbildung zusammen.

a) Zeichne eine Tischreihe mit drei Tischen und den zugehörigen Stüh-   1
   len.

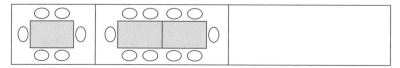

b) Bestimme, wie viele Tische und Stühle gebraucht werden. Ergänze die   3
   Tabelle.

Tische (x)	1	2	3	5	
Stühle (y)	6	10			50

Aufgabe 5

a) Wahr oder falsch? Kreuze an.   2

Aussage	wahr	falsch
Die Bildschirmfläche ist ein Quadrat.	☐	☐
Die Bildschirmfläche ist ein Rechteck.	☐	☐
Der Umfang der Bildschirmfläche ist 392 cm groß.	☐	☐
Der Umfang der Bildschirmfläche ist 196 cm groß.	☐	☐

112 cm

84 cm

b) Berechne den Flächeninhalt des Bildschirms.   2

c) Bildschirmdiagonalen werden in Zoll oder in cm angegeben.   2
   Rechne um.

1 cm entspricht 0,4 Zoll.   1 Zoll entspricht 2,5 cm.

Bildschirmdiagonale: **Bildschirmdiagonale:**

140 cm = _____ Zoll   24 Zoll = _____ cm

Aufgabe 6

In einem Eimer befinden sich Lose mit den Nummern 1 bis 20. Kim kauft   4
ein Los. Bestimme die folgenden Wahrscheinlichkeiten.

Ereignis	Wahrscheinlichkeit (p)
Die Losnummer 7 wird gezogen.	
Eine einstellige Nummer wird gezogen.	
Die Losnummer 25 wird gezogen.	
Die Losnummer 8 **oder** die Losnummer 18 wird gezogen.	

Aufgabe 7

Eine Baugrube ist 15 m lang, 10 m breit und 2 m tief.

a) Berechne das Volumen der Baugrube.　　　　　　　　　　2

b) Ein LKW kann 10 m³ Erde laden.　　　　　　　　　　　　2
Berechne, wie oft er fahren muss, um
die gesamte Erde abzutransportieren.

Aufgabe 8

Herr Lange stellt in der Gesamtkonferenz
die Statistik für die Schülerunfälle seiner
Schule vor.

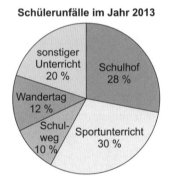

Schülerunfälle im Jahr 2013

a) Die Anzahl aller Unfälle betrug 180.　　2
Berechne, wie viele Unfälle im
Sportunterricht passierten.

b) Herr Lange behauptet, dass von den　　3
180 Unfällen 81 auf dem Schulhof
passiert sind.
Überprüfe rechnerisch, ob diese
Aussage mit der Angabe auf dem
Schaubild übereinstimmt.
Formuliere einen Antwortsatz.

c) Sind die Aussagen wahr oder falsch? Kreuze an.　　falsch　wahr　　1

Weniger als ein Viertel der Unfälle geschehen auf dem　☐　☐
Schulweg.

Mehr als ein Viertel aller Unfälle passieren im sonstigen　☐　☐
Unterricht.

2014-16

Punkte

Wahlaufgabe 1

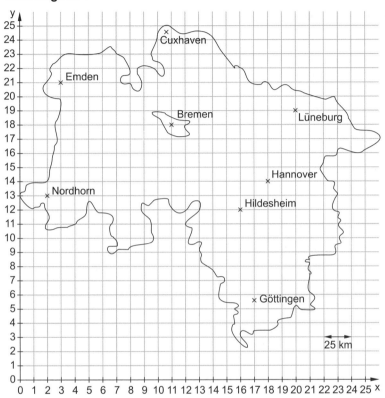

a) Lies die Koordinaten der Stadt Nordhorn ab und trage sie ein: 1

   Nordhorn (____ | ____)

b) Übertrage die Koordinaten und den Namen der Städte Oldenburg   2
   und Wolfsburg in das Gitternetz.
   Oldenburg (7 | 18)   Wolfsburg (22 | 12)

c) Wie weit sind die Städte Bremen und Oldenburg voneinander entfernt   2
   (Luftlinie)? Miss die Strecke und gib die Entfernung in km an.

d) Hier siehst du die Abfahrtzeiten eines Zuges und die Entfernungen 2
   zwischen den Orten.
   Berechne die Fahrzeit und die Länge der gesamten Strecke.

Bremen 12:09 Uhr	36,7 km	**Verden** 12:29 Uhr	33 km	**Nienburg** 12:47 Uhr	56,3 km	**Hannover** 13:39 Uhr

e) Bestimme die Durchschnittsgeschwindigkeit des Zuges von Bremen 1
   nach Hannover.

f) Der Zug musste eine halbe Stunde in Nienburg warten. Gib an, wie 2
   lange der verspätete Zug insgesamt unterwegs war und wann er in
   Hannover angekommen ist.

   Der verspätete Zug war _____ unterwegs und ist um _____
   in Hannover angekommen.

Wahlaufgabe 2

Die Schülerfirma erhält den Auftrag, auf dem Schulgelände ein
Blumenbeet und eine Sandgrube anzulegen.

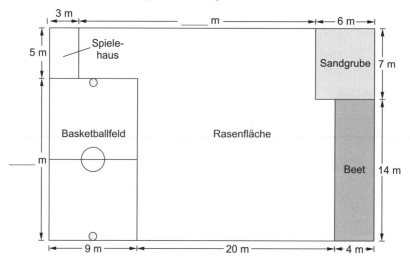

(Die Zeichnung ist **nicht** maßstabsgetreu.)

a) Trage die zwei fehlenden Längen in die Zeichnung ein. 2

b) Berechne den Umfang des Schulgeländes. 1

2014-18

c) Beim Bepflanzen des Beetes werden pro Quadratmeter 9 Pflanzen benötigt. Berechne die Anzahl der benötigten Pflanzen. 3

d) Die Sandgrube wird 0,5 m tief ausgehoben und bis zum Rand mit Sand gefüllt. Berechne das Volumen des benötigten Sandes. 2

e) Für die Sandgrube werden 8 000 kg Sand geliefert. Eine Schubkarre kann mit 40 kg beladen werden. Berechne, wie oft die Schubkarre beladen werden muss. 2

Wahlaufgabe 3

Neben dem bekannten sechsflächigen Spielwürfel gibt es auch andere gleichmäßige Körper, die sich als Spielwürfel eignen. Hier siehst du ein Dodekaeder. Er hat 12 gleich große Flächen mit den Zahlen 1 bis 12.

a) Ergänze die Tabelle. 3

Ereignis	Wahrscheinlichkeit (p)
Mit dem Würfel wird eine „7" geworfen.	
Mit dem Würfel wird eine Augenzahl geworfen, die höher als „10" ist.	
Mit dem Würfel wird eine gerade Augenzahl geworfen.	

b) Abgebildet ist das Netz eines Dodekaeders. 3

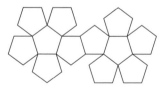

Färbe das Netz so, dass folgende Wahrscheinlichkeiten gelten:

$$p\,(\text{grau}) = \frac{1}{2} \qquad p\,(\text{schwarz}) = \frac{1}{3}$$

Wie hoch ist die Wahrscheinlichkeit für weder „grau" noch „schwarz"?

p (weiß) = _____

c) Dargestellt ist ein Oktaeder, ein Würfel mit 8 gleich großen Flächen.

Fülle die Tabelle aus.

Ereignis	Wahrscheinlichkeit (p)
Es wird die Zahl „7" gewürfelt.	
	$\frac{1}{2}$

2

d) Drei Freunde spielen mit zwei normalen Spielwürfeln. Die beiden Würfel werden gleichzeitig geworfen und die Augenzahlen zusammengezählt.

Mit welchen Kombinationen kann die Summe „7" erreicht werden?

2

Würfel 1	1	6				
Würfel 2	6	1				

Wahlaufgabe 4

Gesa liest einen Bericht über Gran Canaria.
Sie möchte wissen, wie groß die Insel ist und welchen Umfang sie hat.

1 cm auf der Karte entspricht 10 km in der Wirklichkeit

a) Welche Angaben sind hilfreich für die Berechnung von Umfang und   2
   Flächeninhalt?

   Kreuze an.   hilfreich   nicht hilfreich

   Gran Canaria ist eine fast kreisförmige Insel.   ☐   ☐

   Gran Canaria hat einen Durchmesser von etwa   ☐   ☐
   50 km.

   Gran Canaria ist die zweitgrößte der Kanarischen   ☐   ☐
   Inseln.

   Gran Canaria liegt 1 300 km vom spanischen   ☐   ☐
   Festland entfernt.

b) Die Aussage „Gran Canaria hat einen Durchmesser von etwa 50 km"   2
   soll überprüft werden. Zeichne einen Durchmesser der Insel in die
   Karte ein. Bestimme seine Länge in km.

c) Berechne den ungefähren Flächeninhalt der Insel.   2

d) Berechne den ungefähren Umfang der Insel.   2

e) Berechne die Anzahl der Urlauber aus deutschsprachigen Ländern.   2

Gran Canaria – Sonnenziel europäischer Urlauber

Jährlich besuchen etwa 3 000 000 Urlauber Gran Canaria. 2012 kamen
32 % der Urlauber aus deutschsprachigen Ländern, 30 % aus Skandinavien
und 20 % aus Großbritannien. Die übrigen Urlauber kamen aus aller Welt.

Lösungen

E-Kurs und G-Kurs – Allgemeiner Teil

1. a) ✒ **Hinweis:** Schreibe die Zahlen untereinander. Achte darauf, dass
   ✒ Komma unter Komma steht.

   $$\begin{array}{r} 60,23 \\ -10,20 \\ \hline \mathbf{50,03} \end{array}$$

   b) ✒ **Hinweis:** Verschiebe das Komma um 2 Stellen nach links.

   $230,9 : 100 = \mathbf{2{,}309}$

   c) ✒ **Hinweis:** Verschiebe das Komma um 3 Stellen nach rechts.

   $3,128 \cdot 1\,000 = \mathbf{3\,128}$

2. a) ✒ **Hinweis:** Die dritte Stelle hinter dem Komma ist eine 2, runde also ab.

   $1,6725 \approx \mathbf{1{,}67}$

   b) ✒ **Hinweis:** Die dritte Stelle hinter dem Komma ist eine 7, runde also auf.

   $27,167 \approx \mathbf{27{,}17}$

3. a) ✒ **Hinweis:** Achte darauf, dass Komma unter Komma steht. Beginne mit
   ✒ der Addition an der letzten Stelle.

   $$\begin{array}{r} 83,19 \\ +\ \ 2,74 \\ {}_{1} \\ \hline \mathbf{85,93} \end{array}$$

   b) $$\begin{array}{r} 144,65 \\ -\ 13,70 \\ {}_{1} \\ \hline \mathbf{130,95} \end{array}$$

   ✒ **Hinweis:** Mache zur Sicherheit eine Probe:

   $$\begin{array}{r} 130,95 \\ +\ 13,70 \\ {}_{1} \\ \hline 144,65 \end{array}$$

   c) ✒ **Hinweis:** Vergiss nicht, im Ergebnis das Komma zu setzen.

   $$\begin{array}{r} 20,5 \cdot 6 \\ \hline \mathbf{123,0} \end{array}$$

4. a) **Hinweis:** Da es sich um eine Fläche handelt, musst du dich zwischen mm², cm² und m² entscheiden.

Die Fläche einer Tischtennisplatte beträgt 4,1 **m²**.

b) **Hinweis:** Da ein Marathonlauf ca. 42 km lang ist, benötigt ein Läufer dafür mehrere Stunden.

Die Weltrekordzeit der Männer im Marathonlauf liegt unter 3 **h**.

c) **Hinweis:** Du musst dich zwischen g, kg und t entscheiden.

Eine Waschmaschine wiegt ca. 80 **kg**.

5. a) **Hinweis:** Von 7:40 Uhr bis 12:40 Uhr sind es genau 5 Stunden. Der Flug dauert noch 2 Minuten länger.

Die Flugzeit beträgt **5 Stunden** und **2 Minuten**.

b) **Hinweis:** Der Temperaturunterschied von $-4\,°C$ bis $0\,°C$ beträgt $4\,°C$. Dazu kommen noch $25\,°C$.

Der Temperaturunterschied beträgt **29 °C**.

6. a) **Hinweis:** Da im Nenner mit 3 multipliziert wurde, musst du auch im Zähler mit 3 multiplizieren.

$$\frac{1}{3} = \frac{3}{9}$$

b) **Hinweis:** Zähler und Nenner sind Vielfache von 5. Du kannst also Zähler und Nenner durch 5 dividieren.

$$\frac{15}{20} = \frac{3}{4}$$

7. **Hinweis:** $1:2 = \frac{1}{2} = 0,5$; $50\,\% = \frac{50}{100} = \frac{1}{2} = 0,5$

0,5 ist das Gleiche wie …

$1:2$ [w] $\frac{1}{4}$ [f] $\frac{1}{2}$ [w] $5\,\%$ [f] $50\,\%$ [w] $\frac{50}{10}$ [f]

8. **Hinweis:** 1 min $= 60$ s; $25\,\% = \frac{1}{4}$

Berechne $\frac{1}{4}$ von 60 s.

Der Download hat bisher **15** s gedauert.

9. $(7-5)\cdot 3-1=5$

    Hinweis: Klammer- vor Punkt- vor Strichrechnung:

    $(7-5)\cdot 3-1=5$
        $2\cdot 3-1=5$
           $6-1=5$

10. **Hinweis:** 6 von 12 Flächen sind grau gefärbt.

    Bruch: $\dfrac{1}{2}$ Dezimalbruch: **0,5**   Prozent: **50 %**

11. a)
    b)

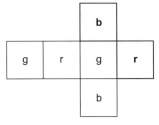

    Hinweis: Es gibt mehrere Lösungen:
    Finde weitere Möglichkeiten.

Graph

        a)   b)   c)

12. a) Eine Kerze brennt mit gleich mäßiger Flamme ab.   ☐ ☐ **☒**

    Hinweis: Bei einer Kerze, die abbrennt, wird die Höhe
    immer geringer, je länger die Kerze brennt.

    Ein Schwimmbecken läuft gleichmäßig mit Wasser voll.   **☒** ☐ ☐

    Hinweis: Am Anfang ist das Becken leer. Je länger
    Wasser einläuft, desto höher steht das Wasser im Becken.

    Eine Taxifahrt kostet 4 € Grundgebühr und 20 Cent   ☐ **☒** ☐
    pro gefahrenem Kilometer.

    Hinweis: Der Preis für die Taxifahrt beginnt bereits
    bei 4 €, da dies die Grundgebühr ist.

1. a) $33 + 14 + 20 + 49 + 24 + 17 + 43 + 45 + 55 = \mathbf{300}$

   Tina musste insgesamt 300 Schrauben sortieren.

   b) ✐ **Hinweis:** Es handelt sich um eine proportionale Zuordnung.

   $$: 100 \left(\begin{array}{l} 300 \text{ Schrauben} \triangleq 100\ \% \\ 3 \text{ Schrauben} \triangleq \quad 1\ \% \\ 33 \text{ Schrauben} \triangleq \quad \mathbf{11\ \%} \end{array} \right) \begin{array}{l} : 100 \\ \cdot\ 11 \end{array}$$

   ✐ **Hinweis:** Du kannst auch rechnen: $33 : 300 = 0{,}11 = 11\ \%$

   11 % der Schrauben sind aus Edelstahl.

   c) ✐ **Hinweis:** $17 + 43 + 45 + 55 = 160$

   $160 \cdot 0{,}10\ € = 16{,}00\ €$

   ✐ **Hinweis:** $33 + 14 + 20 + 49 + 24 = 140$

   $140 \cdot 0{,}12\ € = 16{,}80\ €$

   ✐ **Hinweis:** Vergiss nicht, beide Ergebnisse zu addieren.

   $16{,}00\ € + 16{,}80\ € = \mathbf{32{,}80\ €}$

   Die Schülerfirma nimmt insgesamt 32,80 € ein.

2. ✐ **Hinweis:** Die Jahreszinsen kannst du mit der Formel $Z = K \cdot \dfrac{p}{100}$
   ✐ berechnen.

   $Z = 1\,275\ € \cdot \dfrac{13{,}6}{100}$

   $Z = 173{,}40\ €$

   ✐ **Hinweis:** Um die Zinsen für 8 Monate zu berechnen, musst du mit $\dfrac{8}{12}$
   ✐ multiplizieren.

   $173{,}40\ € \cdot \dfrac{8}{12} = 115{,}60\ €$

   ✐ **Hinweis:** Du kannst auch rechnen:

   $$: 12 \left(\begin{array}{l} 12 \text{ Monate} \triangleq 173{,}40\ € \\ 1 \text{ Monat} \triangleq \quad 14{,}45\ € \\ 8 \text{ Monate} \triangleq 115{,}60\ € \end{array} \right) \begin{array}{l} : 12 \\ \cdot\ 8 \end{array}$$

   $1\,275{,}00\ € + 115{,}60\ € = \mathbf{1\,390{,}60\ €}$

   Familie Müller muss insgesamt 1 390,60 € zurückzahlen.

3. a) ✒ **Hinweis:** Die Säulen von Januar und Februar zeigen in den negativen
   ✒ Bereich (unter 0 €)

   Verluste gab es im **Januar** und **Februar**.

   b) ✒ **Hinweis:** Berechne zuerst alle Gewinne, dann alle Verluste.

   $1\,500\ € + 2\,000\ € + 3\,000\ € + 1\,000\ € = 7\,500\ €$
   $2\,000\ € + 1\,000\ € = 3\,000\ €$

   ✒ **Hinweis:** Subtrahiere die Verluste von den Gewinnen.

   $7\,500\ € - 3\,000\ € = \mathbf{4\,500\ €}$

   ✒ **Hinweis:** Du kannst auch rechnen:
   ✒ $1\,500\ € + 2\,000\ € + 3\,000\ € + 1\,000\ € - 2\,000\ € - 1\,000\ € = 4\,500\ €$

   Der Gesamtgewinn betrug 4 500 €.

   c) $4\,500\ € \cdot \dfrac{10}{100} = 450\ €$

   $4\,500\ € + 450\ € = \mathbf{4\,950\ €}$

   ✒ **Hinweis:** Du kannst auch rechnen:

   ✒
   ✒ $:10\ \Big(\ \begin{matrix} 100\ \% \ \triangleq\ 4\,500\ € \\ 10\ \% \ \triangleq\ 450\ € \\ 110\ \% \ \triangleq\ 4\,950\ € \end{matrix}\ \Big)\ :10$
   ✒ $\cdot 11 \qquad\qquad\qquad\qquad\qquad \cdot 11$

   Im 2. Halbjahr müssen 4 950 € erwirtschaftet werden.

4. a) ✒ **Hinweis:** Rechne mit dem Satz des Pythagoras. Die Länge der
   ✒ Hypotenuse ist gesucht.

   $d^2 = (112\ \text{cm})^2 + (84\ \text{cm})^2$
   $d^2 = 12\,544\ \text{cm}^2 + 7\,056\ \text{cm}^2$
   $d^2 = 19\,600\ \text{cm}^2$
   $d = \mathbf{140\ cm}$

   Die Bildschirmdiagonale beträgt 140 cm.

   b) $140 \cdot 0{,}4\ \text{Zoll} = \mathbf{56\ Zoll}$

   ✒ **Hinweis:** Du kannst auch rechnen:

   ✒
   ✒ $:10\ \Big(\ \begin{matrix} 1\ \text{cm} \ \triangleq\ 0{,}4\ \text{Zoll} \\ 140\ \text{cm} \ \triangleq\ 56\ \text{Zoll} \end{matrix}\ \Big)\ :10$

   Die Länge der Diagonale beträgt 56 Zoll.

c) ✔ **Hinweis:** Rechne mit der Formel: $A = a \cdot b$
✔ Beachte: Die Umwandlungszahl von cm^2 in m^2 ist $10\,000$.

$A = 112\,cm \cdot 84\,cm$
$A = 9\,408\,cm^2 = 0,9408\,m^2$

Peter hat **nicht recht**, die Fläche ist kleiner als $1\,m^2$.

5. a) ✔ **Hinweis:** Es befinden sich noch 46 Lose im Eimer, da Klaus bereits
✔ 4 Lose gekauft hat.

$$p = \frac{1}{46}$$

b) ✔ **Hinweis:** Klaus hat bereits das Los mit der Nummer „2" gezogen, das
✔ fünfte Los hatte die Nummer „7".

1, 3, 4, 5, 6, 8, 9

c) ✔ **Hinweis:** Insgesamt sind noch 45 Lose im Eimer, davon haben 7 Lose
✔ eine einstellige Zahl.

$$p = \frac{7}{45}$$

6. a) ✔ **Hinweis:** Rechne mit der Prozentformel:

✔ $$P = G \cdot \frac{p}{100}$$

✔ Der Grundwert ist die Anzahl aller Unfälle.

$$P = 175\,\text{Unfälle} \cdot \frac{32}{100}$$
$P = \textbf{56 Unfälle}$

Im Sportunterricht passierten 56 Unfälle.

b) $175\,\text{Unfälle} \cdot \dfrac{28}{100} = 49\,\text{Unfälle}$

Die Aussage **stimmt nicht** mit der Angabe auf dem Schaubild **überein**.
Demnach passierten nämlich nur 49 Unfälle auf dem Schulhof.

✔ **Hinweis:** Du kannst auch rechnen:
✔ $$\frac{84\,\text{Unfälle}}{175\,\text{Unfälle}} = 0,48 = 48\,\%$$

✔ Die Aussage **stimmt nicht** mit der Angabe auf dem Schaubild **überein**.
✔ Laut Schaubild passierten nur 28 % der Unfälle auf dem Schulhof.

c) Kreuze an.

Über ein Viertel der Unfälle geschehen auf dem Schulweg. $\boxed{X}$ $\square$

✎ **Hinweis:** Auf dem Schulweg geschehen 12 % der Unfälle.
✎ Ein Viertel sind 25 %.

Mehr als die Hälfte der Unfälle passieren außerhalb des Sportunterrichts. $\square$ $\boxed{X}$

✎ **Hinweis:** Außerhalb des Sportunterrichts passieren 68 %
✎ der Unfälle. Die Hälfte sind 50 %.

7. a) ✎ **Hinweis:** Mit jedem zusätzlichen Tisch werden 4 Stühle ergänzt.

Tische (x)	1	2	5	7	12
Stühle (y)	6	10	22	30	50

b) ✎ **Hinweis:** An jedem Tisch stehen 4 Stühle. Zusätzlich befinden sich
✎ noch 2 Stühle an den Kopfenden der Tafel.

$\square$ $y = 4 \cdot x + 1$ $\boxed{X}$ $y = 4 \cdot x + 2$ $\square$ $y = \dfrac{x}{4} + 2$

8. a) ✎ **Hinweis:** Rechne mit der Formel: $V = a \cdot b \cdot c$

$V = 22\ m \cdot 16\ m \cdot 3\ m$
$V = \mathbf{1\,056\ m^3}$

Das Volumen der Baugrube beträgt 1 056 m³.

b) $1\,056\ m^3 : 15\ m^3 = 70{,}4$

Es sind **71 Fahrten** nötig, um die Erde abzutransportieren.

✎ **Hinweis:** Beachte, dass du bei dieser Aufgabe aufrunden musst. Nach
✎ 70 Fahrten ist noch ein Rest Erde übrig.

E-Kurs – Wahlaufgaben

1. a) ✎ **Hinweis:** An erster Stelle steht der Wert auf der x-Achse, an zweiter
✎ Stelle steht der Wert auf der y-Achse.

Hannover **(18 | 14)**

b) ✎ **Hinweis:** Gehe vom Wert $x = 7$ nach oben und vom Wert $y = 18$ nach
✎ rechts. Trage beim Schnittpunkt das Kreuz für die Stadt Oldenburg ein.

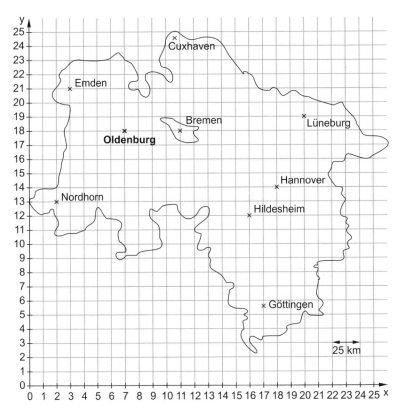

c) Die Fahrzeit beträgt **1 Stunde** und **30 Minuten**.
Die Strecke ist insgesamt **126 km** lang.

d) ✏ **Hinweis:** Um die Durchschnittsgeschwindigkeit zu berechnen, musst
✏ du die Strecke durch die Zeit (in Stunden) dividieren.

$$126 \text{ km} : 1,5 \text{ h} = \mathbf{84 \ \frac{km}{h}}$$

Die Durchschnittsgeschwindigkeit beträgt 84 $\frac{km}{h}$.

e) ✏ **Hinweis:** Die Luftlinie ist die kürzeste Entfernung zwischen den Orten.

$\ell = 9,5$ cm

$$: 9,5 \left(\begin{array}{c} 1 \text{ cm} \ \hat{=} \ \ 25 \text{ km} \\ \mathbf{9,5 \text{ cm} \ \hat{=} \ 237,5 \text{ km}} \end{array} \right) : 9,5$$

✏ **Hinweis:** Du kannst auch rechnen: $9,5 \cdot 25 \text{ km} = 237,5 \text{ km}$

Die Entfernung beträgt 237,5 km.

f) Jonas hat **nicht recht**.

Der Zug fährt nicht den Weg der Luftlinie, sondern einen längeren Weg.

Hinweis: Du kannst auch andere Begründungen wählen, z. B.: Der Zug fährt nicht immer geradeaus, er fährt auch um Kurven.

2. a) **Hinweis:** Berechne zuerst die Fläche des Beetes mit der Formel:

$A = a \cdot b$

$A = 4 \text{ m} \cdot 14 \text{ m}$

$A = 56 \text{ m}^2$

$$\cdot 56 \left(\begin{array}{ccc} 1 \text{ m}^2 & \triangleq & 9 \text{ Pflanzen} \\ 56 \text{ m}^2 & \triangleq & \textbf{504 Pflanzen} \end{array} \right) \cdot 56$$

Hinweis: Du kannst auch rechnen: $56 \text{ m}^2 \cdot 9 \dfrac{\text{Pflanzen}}{\text{m}^2} = 504 \text{ Pflanzen}$

Es werden 504 Pflanzen benötigt.

b) **Hinweis:** Berechne das Volumen mit der Formel: $V = a \cdot b \cdot c$

$V = 6 \text{ m} \cdot 7 \text{ m} \cdot 0{,}5 \text{ m}$

$V = \textbf{21 m}^3$

Es werden 21 m³ Sand benötigt.

c) $21 \text{ m}^3 : 0{,}07 \text{ m}^3 = 300$

Hinweis: Insgesamt müssen die Jugendlichen 300-mal mit der Schubkarre fahren.

$300 : 6 = \textbf{50}$

Hinweis: Du kannst auch rechnen: $21 \text{ m}^3 : 6 = 3{,}5 \text{ m}^3$
$3{,}5 \text{ m}^3 : 0{,}07 \text{ m}^3 = 50$

Jeder der Jugendlichen muss 50-mal mit der Schubkarre fahren.

d) **Hinweis:** Überprüfe die Behauptung mit dem Satz des Pythagoras. Der Satz des Pythagoras gilt nur in rechtwinkligen Dreiecken.

$(3 \text{ m})^2 + (4 \text{ m})^2 = (5 \text{ m})^2$

$9 \text{ m}^2 + 16 \text{ m}^2 = 25 \text{ m}^2$

$25 \text{ m}^2 = 25 \text{ m}^2 \quad (\text{wahr})$

Iskia **hat recht**, da der Satz des Pythagoras gilt.

Hinweis: Da der Satz des Pythagoras gilt, ergeben zwei Seiten des Rechtecks und die Diagonale ein rechtwinkliges Dreieck.

3. a) ✏ **Hinweis:** Insgesamt gibt es 12 Flächen, auf einer der Flächen steht die
✏ „7". 9 Zahlen (4, 5, 6, 7, 8, 9, 10, 11, 12) sind höher als „3".
✏ Die Hälfte der Augenzahlen ist gerade.

Ereignis	Wahrscheinlichkeit (p)
Mit dem Würfel wird eine „7" geworfen.	$\dfrac{1}{12}$
Mit dem Würfel wird eine Augenzahl geworfen, die höher als „3" ist.	$\dfrac{9}{12} = \dfrac{3}{4}$
Mit dem Würfel wird eine gerade Augenzahl geworfen.	$\dfrac{6}{12} = \dfrac{1}{2}$
Mit dem Würfel wird eine Augenzahl geworfen, die kleiner als „5" ist.	$p = \dfrac{4}{12}$ oder $\dfrac{1}{3}$

✏ **Hinweis:** Du kannst auch schreiben:
✏ ... eine Augenzahl geworfen, die größer als „8" ist.
✏ ... eine Augenzahl geworfen, die durch 3 teilbar ist.

b)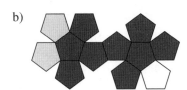

✏ **Hinweis:** Es gibt unterschiedliche Lösungen. Wichtig ist, dass du
✏ 2 Seiten grau und 9 Seiten schwarz färbst, denn:
✏ $\dfrac{1}{6} = \dfrac{2}{12}$ $\dfrac{3}{4} = \dfrac{9}{12}$
✏ Eine Seite bleibt weiß.

$$p \, (\text{weiß}) = \dfrac{1}{12}$$

c) ✏ **Hinweis:** Auf einer der acht Seiten steht die „7".

$$p = \dfrac{1}{8}$$

d) ✏ **Hinweis:** Vergiss die Begründung nicht.

Peter hat **nicht recht**.

Bei jedem Wurf beträgt die Wahrscheinlichkeit eine „6" zu werfen $\frac{1}{6}$,
egal, wie oft man vorher schon gewürfelt hat.

4. a) **Hinweis:** Es gibt viele Möglichkeiten, einen Durchmesser einzuzeichnen. Wichtig ist, dass er ungefähr durch die Mitte der Insel verläuft.

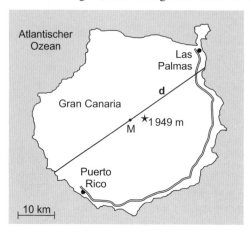

b) d = 5 cm

Hinweis: Da die Insel unregelmäßig und nicht kreisrund ist, kann es sein, dass der Durchmesser bei dir etwas kleiner oder etwas größer als 5 cm ist. Rechne dann mit deinem Durchmesser weiter.

$$\cdot 5 \left(\begin{array}{l} 1\,\text{cm} \triangleq 10\,\text{km} \\ \mathbf{5\,cm \triangleq 50\,km} \end{array} \right) \cdot 5$$

Die Insel hat einen Durchmesser von 50 km.

c) **Hinweis:** Rechne mit der Formel zur Umfangsberechnung eines Kreises: $u = \pi \cdot d$
Die Küstenstraße ist ungefähr so lang, wie die Hälfte des Umfangs.

$u = \pi \cdot 50\,\text{km}$
$u \approx 157{,}08\,\text{km}$

$\dfrac{u}{2} = \mathbf{78{,}54\,km}$

Die Länge der Küstenstraße beträgt ca. 78,5 km.

d) **Hinweis:** Die Fläche von Gran Canaria entspricht ungefähr einem Kreis. Rechne mit der Formel: $A = \pi \cdot r^2$

$A = \pi \cdot (25\,\text{km})^2$
$A \approx \mathbf{1\,963{,}50\,km^2}$

Gran Canaria hat eine Fläche von etwa 1 963,50 km².

e) Jonas **hat recht**.

Da ca. $\frac{1}{3}$ der Urlauber aus deutschsprachigen Ländern kamen, müsste der Kreisausschnitt dafür größer sein.

Hinweis: Du kannst auch andere Begründungen schreiben, z. B.: Die Urlauber aus Skandinavien und Großbritannien ergeben zusammen 50 %. Sie müssten daher in der Abbildung gemeinsam einen Halbkreis darstellen. Überlege dir weitere Begründungen.

f) ☐ 90 000   ☐ 500 000   ☒ 900 000

Hinweis: Beim Überschlag kannst du rechnen: $\frac{1}{3}$ von knapp 3 Millionen Touristen ergibt knapp 1 Million Touristen.

G-Kurs – Pflichtteil

1. a) **Hinweis:** Du musst die Anzahl aller Schraubenarten addieren.

$30 + 14 + 20 + 49 + 24 + 17 + 46 = \mathbf{200}$

Tina musste insgesamt 200 Schrauben sortieren.

b)
$$\begin{array}{l} :20 \\ \cdot 3 \end{array}\left(\begin{array}{l} 200\,\text{Schrauben} \;\hat{=}\; 100\,\% \\ 10\,\text{Schrauben} \;\hat{=}\; 5\,\% \\ 30\,\text{Schrauben} \;\hat{=}\; \mathbf{15\,\%} \end{array}\right)\begin{array}{l} :20 \\ \cdot 3 \end{array}$$

Hinweis: Du kannst auch rechnen: $30 : 200 = 0,15 = 15\,\%$

15 % der Schrauben sind aus Edelstahl.

c) **Hinweis:** $17 + 46 = 63$
63 Schrauben sind kürzer als 15 mm und kosten 10 Cent pro Stück. Die restlichen 137 Schrauben kosten 12 Cent pro Stück. Addiere die beiden Zwischenergebnisse.

$63 \cdot 0,10\,€ = 6,30\,€$

$137 \cdot 0,12\,€ = 16,44\,€$

$6,30\,€ + 16,44\,€ = \mathbf{22,74\,€}$

Insgesamt nimmt die Schülerfirma 22,74 € ein.

2. **Hinweis:** Rechne mit der Zinsformel: $Z = K \cdot \dfrac{p}{100}$

$$Z = 1\,275 \text{ € } \cdot \frac{12,6}{100}$$

$$Z = 160,65 \text{ €}$$

Hinweis: Familie Müller muss nach einem Jahr die Zinsen und den Kredit zurückzahlen. Addiere daher beide Beträge.

$1\,275,00 \text{ € } + 160,65 \text{ € } = \mathbf{1\,435,65 \text{ €}}$

Insgesamt muss Familie Müller nach einem Jahr 1 435,65 € zurückzahlen.

3. a) **Hinweis:** Jede Säule gibt an, wie hoch der Gewinn in dem jeweiligen Monat war. Da keine Säule nach unten zeigt (unter 0 €), gab es keine Verluste. Der Gewinn im März liegt genau bei der Hälfte zwischen 1 000 € und 2 000 €, er beträgt also 1 500 €.

$2\,000 \text{ € } + 1\,000 \text{ € } + 1\,500 \text{ € } + 2\,000 \text{ € } + 3\,000 \text{ € } + 1\,000 \text{ € } = \mathbf{10\,500 \text{ €}}$

Der Gewinn in der ersten Jahreshälfte betrug 10 500 €.

b) $10\,500 \text{ € } \cdot \dfrac{10}{100} = 1\,050 \text{ €}$

$10\,500 \text{ € } + 1\,050 \text{ € } = \mathbf{11\,550 \text{ €}}$

Hinweis: Du kannst auch rechnen:

$$: 10 \left(\begin{array}{l} 100\,\% \triangleq 10\,500 \text{ €} \\ 10\,\% \triangleq 1\,050 \text{ €} \\ 110\,\% \triangleq 11\,550 \text{ €} \end{array} \right) \begin{array}{l} : 10 \\ \cdot 11 \end{array}$$

Im 2. Halbjahr müssten 11 550 € erwirtschaftet werden.

4. a) **Hinweis:** An jedem Tisch sitzen sich oben und unten 2 Personen gegenüber. Am Anfang und am Ende der Tischreihe sitzt jeweils eine Person.

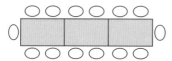

b) **Hinweis:** Für jeden weiteren Tisch werden 4 zusätzliche Stühle benötigt. Bei 50 Stühlen kannst du rechnen:

50 Stühle − 2 Stühle (am Anfang und am Ende) = 48 Stühle

$48 : 4 = 12$

Tische (x)	1	2	3	5	**12**
Stühle (y)	6	10	**14**	**22**	50

5. a)

Aussage	wahr	falsch

Die Bildschirmfläche ist ein Quadrat. ☐ ☒

✐ **Hinweis:** Bei einem Quadrat müssten Breite und
✐ Höhe gleich groß sein.

Die Bildschirmfläche ist ein Rechteck. ☒ ☐

Der Umfang der Bildschirmfläche ist 392 cm groß. ☒ ☐

✐ **Hinweis:** $112\ cm + 84\ cm + 112\ cm + 84\ cm = 392\ cm$

Der Umfang der Bildschirmfläche ist 196 cm groß. ☐ ☒

b) ✐ **Hinweis:** Rechne mit der Flächenformel für Rechtecke: $A = a \cdot b$
✐ Setze die Größenangaben aus der Zeichnung ein.

$A = 112\ cm \cdot 84\ cm$
$A = \mathbf{9\,408\ cm^2}$

Der Flächeninhalt beträgt 9 408 cm².

c) ✐ **Hinweis:** Es handelt sich um proportionale Zuordnungen.

$$\cdot\,140 \left(\begin{array}{l} 1\ cm \,\hat{=}\, 0,4\ Zoll \\ 140\ cm \,\hat{=}\, \mathbf{56\ Zoll} \end{array} \right) \cdot\,140$$

$$\cdot\,24 \left(\begin{array}{l} 1\ Zoll \,\hat{=}\, 2,5\ cm \\ 24\ Zoll \,\hat{=}\, \mathbf{60\ cm} \end{array} \right) \cdot\,24$$

6. ✐ **Hinweis:** Insgesamt befinden sich im Eimer 20 Lose, auf einem steht die
✐ Losnummer „7". 9 von 20 Losen haben eine einstellige Nummer.
✐ Die Losnummer „25" ist nicht vorhanden, sie kann also nicht gezogen wer-
✐ den.

Ereignis	Wahrscheinlichkeit (p)
Die Losnummer 7 wird gezogen.	$\dfrac{1}{20}$
Eine einstellige Nummer wird gezogen.	$\dfrac{9}{20}$
Die Losnummer 25 wird gezogen.	0
Die Losnummer 8 **oder** die Losnummer 18 wird gezogen.	$\dfrac{2}{20} = \dfrac{1}{10}$

✐ **Hinweis:** Es werden 2 mögliche Losnummern angeboten, entweder 8 oder
✐ 18. Daher können 2 von 20 Losen gezogen werden.

7. a) ✐ **Hinweis:** Die Baugrube hat die Form eines Quaders.
    ✐ Die Formel zur Berechnung des Volumens lautet: $V = a \cdot b \cdot c$

    $V = 15 \text{ m} \cdot 10 \text{ m} \cdot 2 \text{ m}$
    $V = \mathbf{300 \text{ m}^3}$

    Das Volumen der Baugrube beträgt 300 m³.

   b) $300 \text{ m}^3 : 10 \text{ m}^3 = \mathbf{30}$

    ✐ **Hinweis:** Du kannst auch rechnen:

    $\cdot 30 \left(\begin{array}{c} 10 \text{ m}^3 \,\,\hat{=}\,\, 1 \text{ Fahrt} \\ 300 \text{ m}^3 \,\,\hat{=}\,\, 30 \text{ Fahrten} \end{array} \right) \cdot 30$

    Der Lkw muss 30-mal fahren.

8. a) ✐ **Hinweis:** Verwende die Prozentformel

    $P = G \cdot \dfrac{p}{100}$

    ✐ Der Grundwert ist die Anzahl aller Unfälle.

    $P = 180 \text{ Unfälle} \cdot \dfrac{30}{100}$
    $P = \mathbf{54 \text{ Unfälle}}$

    Im Sportunterricht passierten 54 Unfälle.

   b) ✐ **Hinweis:** Laut Schaubild passierten 28 % der Unfälle auf dem
    ✐ Schulhof.

    $180 \text{ Unfälle} \cdot \dfrac{28}{100} = 50,4 \text{ Unfälle}$

    Die Aussage **stimmt nicht** mit den Angaben auf dem Schaubild **überein**.

   c) Kreuze an.

	falsch	wahr
Weniger als ein Viertel der Unfälle geschehen auf dem Schulweg.	☐	☒

    ✐ **Hinweis:** $\dfrac{1}{4} = 25 \%$: 10 % sind weniger als 25 %.

Mehr als ein Viertel aller Unfälle passieren im sonstigen Unterricht.	☒	☐

    ✐ **Hinweis:** 20 % sind ebenfalls weniger als 25 %.

1. a) ✎ **Hinweis:** An erster Stelle steht der Wert auf der x-Achse, an zweiter
   ✎ Stelle steht der Wert auf der y-Achse.

   Nordhorn (2 | 13)

   b) ✎ **Hinweis:** Zeichne dir eine Hilfslinie, die vom Wert 7 auf der x-Achse
   ✎ nach oben und vom Wert 18 auf der y-Achse nach rechts geht. An der
   ✎ Stelle, an der sich beide Hilfslinien kreuzen, liegt Oldenburg. Gehe bei
   ✎ Wolfsburg genauso vor.

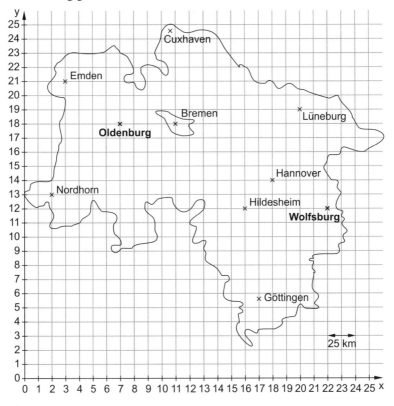

   c) ✎ **Hinweis:** Bremen und Oldenburg sind im Gitternetz 4 Kästchen
   ✎ voneinander entfernt. 2 Kästchen entsprechen 25 km.

   Die Entfernung beträgt **50 km.**

   d) ✎ **Hinweis:** Du musst die Zeitspanne zwischen 12:09 Uhr und 13:39 Uhr
   ✎ bestimmen.

Die Fahrzeit beträgt **1 Stunde** und **30 Minuten.**

✏ **Hinweis:** 36,7 km + 33 km + 56,3 km = 126 km

Die Länge der gesamten Strecke beträgt **126 km.**

e) ✏ **Hinweis:** Um die Durchschnittsgeschwindigkeit zu berechnen, musst
✏ du die Strecke durch die Zeit (in Stunden) dividieren.
✏ 1 Stunde und 30 Minuten = 1,5 h

$$126 \text{ km} : 1,5 \text{ h} = \mathbf{84} \, \frac{\mathbf{km}}{\mathbf{h}}$$

Die Durchschnittsgeschwindigkeit beträgt 84 $\frac{km}{h}$.

f) ✏ **Hinweis:** Die Fahrzeit verlängert sich um 30 Minuten.

Der verspätete Zug war **2 Stunden** unterwegs und ist um **14:09 Uhr** in Hannover angekommen.

2. a) ✏ **Hinweis:** Berechne die fehlenden Längen:
✏ lange Seite unten: 9 m + 20 m + 4 m = 33 m
✏ lange Seite oben: 3 m + 6 m + **24 m** = 33 m
✏ kurze Seite rechts: 7 m + 14 m = 21 m
✏ kurze Seite links: 5 m + **16 m** = 21 m

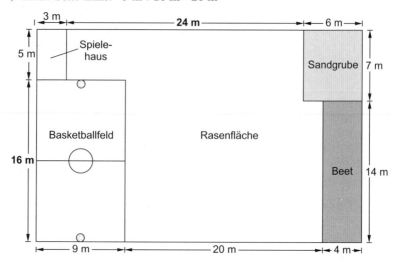

b) ✏ **Hinweis:** Du musst alle Teilstrecken addieren.

9 m + 20 m + 4 m + 14 m + 7 m + 6 m + 24 m + 3 m + 5 m + 16 m = **108 m**

Hinweis: Du kannst auch rechnen: $2 \cdot 33 \text{ m} + 2 \cdot 21 \text{ m} = 108 \text{ m}$

Der Umfang des Schulgeländes beträgt 108 m.

c) **Hinweis:** Berechne zuerst die Größe der Fläche mit der Formel:

$A = a \cdot b$

$A = 14 \text{ m} \cdot 4 \text{ m}$

$A = 56 \text{ m}^2$

$$\cdot 56 \left(\begin{array}{c} 1 \text{ m}^2 \; \hat{=} \; 9 \text{ Pflanzen} \\ 56 \text{ m}^2 \; \hat{=} \; \textbf{504 Pflanzen} \end{array} \right) \cdot 56$$

Hinweis: Du kannst auch rechnen:

$56 \text{ m}^2 \cdot 9 \dfrac{\text{Pflanzen}}{\text{m}^2} = 504 \text{ Pflanzen}$

Es werden 504 Pflanzen benötigt.

d) **Hinweis:** Berechne das Volumen mit der Formel: $V = a \cdot b \cdot c$

$V = 6 \text{ m} \cdot 7 \text{ m} \cdot 0{,}5 \text{ m}$

$V = \textbf{21 m}^3$

Es werden 21 m³ Sand benötigt.

e) $8\,000 \text{ kg} : 40 \text{ kg} = \textbf{200}$

Hinweis: Du kannst auch mit Vielfachen rechnen:

  1-mal beladen $\hat{=}$ 40 kg

  10-mal beladen $\hat{=}$ 400 kg

  100-mal beladen $\hat{=}$ 4 000 kg

  200-mal beladen $\hat{=}$ 8 000 kg

Die Schubkarre muss 200-mal beladen werden.

3. a) **Hinweis:** Es gibt insgesamt 12 Flächen, auf einer steht die „7".
Die Zahlen 11 und 12 sind höher als 10. 2, 4, 6, 8, 10 und 12 sind
gerade Zahlen.

Ereignis	Wahrscheinlichkeit (p)
Mit dem Würfel wird eine „7" geworfen.	$\dfrac{1}{12}$
Mit dem Würfel wird eine Augenzahl geworfen, die höher als „10" ist.	$\dfrac{2}{12} = \dfrac{1}{6}$
Mit dem Würfel wird eine gerade Augenzahl geworfen.	$\dfrac{6}{12} = \dfrac{1}{2}$

b)

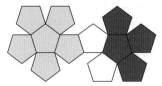

✐ **Hinweis:** Es gibt unterschiedliche Lösungen. Wichtig ist, dass du
✐ 6 Seiten grau färbst, weil die Hälfte von 12 Seiten 6 Seiten sind.
✐ 4 Seiten musst du schwarz färben, da $\frac{1}{3}$ von 12 Seiten 4 Seiten sind.
✐ 2 Seiten von 12 Seiten bleiben weiß.

$p\ (weiß) = \dfrac{2}{12} = \dfrac{1}{6}$

c) ✐ **Hinweis:** Auf einer von 8 Flächen steht die „7".

Ereignis	Wahrscheinlichkeit (p)
Es wird die Zahl „7" gewürfelt.	$\dfrac{1}{8}$
Es wird eine gerade Zahl gewürfelt.	$\dfrac{1}{2}$

✐ **Hinweis:** Du könntest auch schreiben: Es wird eine ungerade Zahl
✐ gewürfelt.

d) ✐ **Hinweis:** Notiere die Augenzahl für Würfel 1 und ergänze bei Würfel 2
✐ bis zur Summe „7".

Würfel 1	1	6	2	5	3	4
Würfel 2	6	1	5	2	4	3

4. a) Kreuze an.

                                                            hilfreich   nicht hilfreich

Gran Canaria ist eine fast kreis förmige Insel.   ☒   ☐

✐ **Hinweis:** Es ist wichtig zu wissen, um welche
✐ Fläche es sich handelt.

Gran Canaria hat einen Durchmesser von etwa   ☒   ☐
50 km.

✐ **Hinweis:** Zur Berechnung von Umfang und
✐ Flächeninhalt eines Kreises benötigst du die
✐ Größe des Durchmessers.

Gran Canaria ist die zweitgrößte der Kanarischen Inseln. ☐ ☒

Gran Canaria liegt 1 300 km vom spanischen Festland entfernt. ☐ ☒

b) ✐ **Hinweis:** Es gibt viele Möglichkeiten, einen Durchmesser einzuzeichnen. Wichtig ist, dass er ungefähr durch die Mitte der Insel verläuft.

d = 5 cm

✐ **Hinweis:** Da die Insel unregelmäßig und nicht kreisrund ist, kann es sein, dass der Durchmesser bei dir etwas kleiner oder etwas größer als 5 cm ist. Rechne dann mit deinem Durchmesser weiter.

$$\cdot 5 \left(\begin{array}{c} 1\,\text{cm} \triangleq 10\,\text{km} \\ 5\,\text{cm} \triangleq \mathbf{50\,km} \end{array}\right) \cdot 5$$

Der Durchmesser beträgt 50 km.

c) ✐ **Hinweis:** Berechne den Flächeninhalt mit der Formel: $A = \pi \cdot r^2$
✐ d = 50 km, also r = 25 km

$A = \pi \cdot (25\,\text{km})^2$
$A \approx \mathbf{1\,963,50\,km^2}$

Gran Canaria hat einen Flächeninhalt von ungefähr 1 963,50 km².

d) ✍ **Hinweis:** Berechne den Umfang mit der Formel: $u = \pi \cdot d$

$u = \pi \cdot 50$ km

$u \approx$ **157,08 km**

Gran Canaria hat einen Umfang von ungefähr 157,08 km.

✍ **Hinweis:** Da du mit gerundeten Zahlen rechnest, kannst du auch
✍ antworten, dass der Umfang ungefähr 157 km beträgt.

e) ✍ **Hinweis:** Rechne mit der Prozentformel:

$$P = G \cdot \frac{p}{100}$$

$P = 3\,000\,000$ Urlauber $\cdot \dfrac{32}{100}$

$P =$ **960 000 Urlauber**

✍ **Hinweis:** Du kannst auch so rechnen:

$$
\begin{array}{r}
{\scriptstyle :100} \\
{\scriptstyle \cdot 32}
\end{array}
\left(
\begin{array}{l}
100\;\% \;\triangleq\; 3\,000\,000 \text{ Urlauber} \\
1\;\% \;\triangleq\; 30\,000 \text{ Urlauber} \\
32\;\% \;\triangleq\; 960\,000 \text{ Urlauber}
\end{array}
\right)
\begin{array}{l}
{\scriptstyle :100} \\
{\scriptstyle \cdot 32}
\end{array}
$$

960 000 Urlauber kamen aus deutschsprachigen Ländern.

E-Kurs und G-Kurs – Allgemeiner Teil

Punkte

1. Berechne.   4

   a) $70,4 + 4,35 =$ b) $735,75 : 100 =$

   c) $0,4 \cdot 0,2 =$ d) $5 - 5,5 =$

2. Markiere die Werte auf dem Zahlenstrahl.   2

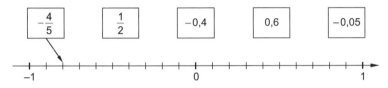

3. a) Kreuze die größte Zahl an.   2

    ☐ 0,45   ☐ 0,54   ☐ 0,045

    ☐ 0,545   ☐ 0,455   ☐ 0,405

   b) Kreuze die kleinste Zahl an.

    ☐ 0,45   ☐ 0,54   ☐ 0,045

    ☐ 0,054   ☐ 0,0455   ☐ 0,405

4. Setze $<$, $>$ oder $=$ ein.   3

   a) $90 - 15$ ☐ 65 b) $4 \cdot 9$ ☐ $216 : 6$

   c) $\dfrac{1}{2} + \dfrac{1}{4}$ ☐ $\dfrac{2}{3}$

5. Setze eine Klammer so, dass das Ergebnis stimmt.   2

   a) $5 + 6 \cdot 3 = 33$ b) $2 \cdot 5 + 7 - 3 = 21$

6. a) Zeichne durch den Punkt P eine
   Senkrechte e zur Geraden g.
   b) Zeichne durch den Punkt Q
   eine Parallele f zur Geraden g.
   c) Miss den Abstand zwischen g
   und f und gib ihn an.

   _____ cm

3

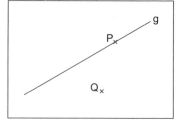

7. Wandle in die angegebene Einheit um.

4

   a) 50 ℓ = _____ mℓ   b) 750 g = _____ kg

   c) 35 m = _____ cm   d) 8,5 min = _____ sec

8. Färbe in den Flächen den vorgegebenen Anteil.

3

   a) 25 %   b) $\dfrac{1}{3}$ c) $\dfrac{2}{16}$

9. Im Würfel ist die Summe der gegenüberliegenden Seiten immer 7.
   Vervollständige die drei abgebildeten Würfelnetze.

3

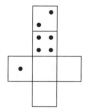   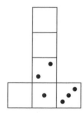   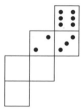

10. Gib die Größe der fehlenden Winkel an.

2

   a)    b)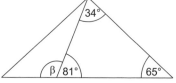

   (Zeichnungen **nicht** maßstabsgetreu.)

   δ = _____ °   β = _____ °

Beachte:
- Alle Rechenwege müssen klar und übersichtlich aufgeschrieben werden.
- Runde jedes Ergebnis auf 2 Stellen hinter dem Komma.

Punkte

Aufgabe 1

Hier siehst du die Preisliste des Parkhauses am Bahnhof in Osnabrück.

Preis für die 1. Stunde	1,50 €
jede weitere angefangene Stunde	0,80 €
Höchstparkzeit	6 Stunden
ab 18.00 Uhr	gebührenfrei
Samstag ab 14.00 Uhr	gebührenfrei
Sonntag	gebührenfrei

a) Herr Müller parkt am Mittwoch von 12.30 bis 17.00 Uhr im Parkhaus.   2
   Berechne seine Parkgebühren.

b) Frau Özil parkt am Samstag von 12.30 bis 17.00 Uhr.   2
   Berechne ihre Parkgebühren.

Aufgabe 2

Das schwarze Quadrat hat einen Flächeninhalt von 16 cm².

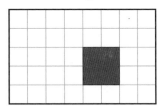

(Zeichnung ist **nicht** maßstabsgetreu)

a) Bestimme den Flächeninhalt des dick umrandeten Rechtecks in cm².   1

b) Bestimme den Umfang des Rechtecks in cm.   2

c) Gib an, welcher Prozentsatz des Rechtecks schwarz gefärbt ist.   1

Aufgabe 3

Aus einem großen Würfel wird ein kleiner Würfel ausgeschnitten.
Berechne das Volumen des übrigbleibenden Körpers.

4

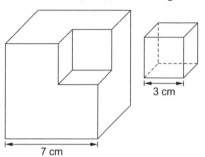

3 cm

7 cm

Aufgabe 4

In einem Supermarkt wird Fruchtquark in zwei verschiedenen Becher-
größen angeboten.

Bechergröße	Preis	Preis pro kg
200 g		3,45 €
500 g	1,99 €	

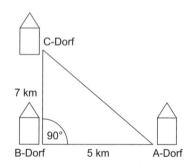

a) Vervollständige die Tabelle.

2

b) Gib den Preisunterschied für ein Kilogramm in Cent an.

1

Aufgabe 5

Berechne die Länge des direkten
Weges von A-Dorf nach C-Dorf.

2

C-Dorf

7 km

90°

B-Dorf   5 km   A-Dorf

Aufgabe 6

Eine rote und eine weiße Kerze werden zur gleichen Zeit angezündet. Die rote Kerze ist 10 cm lang und wird in jeder Stunde 2 cm kürzer. Die weiße Kerze ist 8 cm lang und wird pro Stunde 1 cm kürzer.

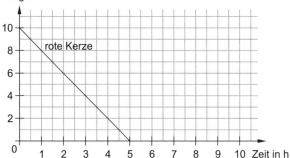

a) Gib an, nach wie vielen Stunden die rote Kerze abgebrannt ist.   1

   Die Kerze ist nach _____ Stunden abgebrannt.

b) Vervollständige die Wertetabelle für die weiße Kerze.   2

Zeit in Stunden	0	1	2	4	8
Restlänge der Kerze in cm	8				

c) Zeichne den Graphen für die weiße Kerze in das Koordinatensystem.   1

d) Lies aus dem Koordinatensystem ab und vervollständige: 2

   Nach _____ Stunden sind beide Kerzen gleich lang.

   Ihre Länge beträgt dann _____ cm.

Aufgabe 7

Lars erzielt beim Weitwurf mit dem Schlagball folgende Werte:

Wurf	1	2	3	4	5
Wurfweite in m	29	41	44	50	41

a) Berechne die durchschnittliche Wurfweite.   2

b) Gib an, wie weit Lars beim sechsten Wurf werfen muss, um eine durchschnittliche Wurfweite von 43 m zu erreichen.   2

Aufgabe 8

Ein Autohändler kauft einen Gebrauchtwagen für 9 000 €. Er will das Auto mit Gewinn verkaufen. Auf das Preisschild schreibt er erst einen um 20 % erhöhten Verkaufspreis.

a) Berechne den Verkaufspreis nach der Preiserhöhung um 20 %.

b) Der Autohändler merkt nach einigen Wochen, dass der Preis zu hoch ist. Er verringert seinen Verkaufspreis um 10 %.
Berechne den neuen Preis.
(Wenn du bei a kein Ergebnis erhalten hast, rechne mit einem Verkaufspreis von 10 000 € weiter.)

> Verkaufspreis
>
> _____ €
>
> NEUER, GESENKTER PREIS:
>
> _____ €

2

2

c) Der Autohändler behauptet: 2

„Wenn ich den Preis erst um 20 % erhöhe und dann um 10 % senke, bleibt mir ein Gewinn von genau 10 %.“

Hat er recht?

☐ Ja   ☐ Nein

Begründung: _____

Aufgabe 9

In einem Gefäß sind 8 schwarze, 2 weiße und 10 graue Kugeln.

a) Eine schwarze Kugel wird gezogen. Gib die Wahrscheinlichkeit als Bruch und als Prozentzahl an.

b) Gib die Wahrscheinlichkeit dafür an, dass keine weiße Kugel gezogen wird.

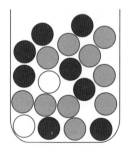

2

1

Punkte

Wahlaufgabe 1

Herr Weiß fährt mit seinem PKW mit gleichmäßiger Geschwindigkeit
zum Urlaubsort.
Nach 2 Stunden ist er 120 km gefahren. Dann macht er eine Stunde Pause.
Die nächsten 240 km fährt er in 3 Stunden.

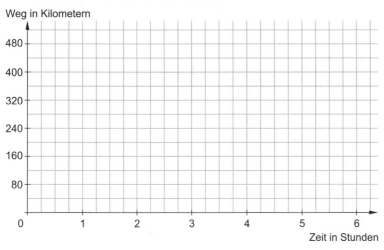

Weg in Kilometern

Zeit in Stunden

a) Zeichne den Graphen der Fahrt des Herrn Weiß. 　2

b) Der Wagen von Herrn Weiß verbraucht 8 Liter auf 100 km. Berechne, 　2
wie viele Liter Benzin für die Fahrt verbraucht wurden.

c) Ein Liter Benzin kostet 1,68 Euro. Berechne die Spritkosten des 　1
Herrn Weiß für die Fahrt.
(Wenn du bei Aufgabe b kein Ergebnis erhalten hast, rechne mit einem
Benzinverbrauch von 29,4 Litern weiter.)

d) Peter behauptet: 　2

*„Wenn Herr Weiß zu seinem Urlaubsort die 50 km längere Autobahn
gewählt hätte, wäre er bei gleich langer Pause mindestens eine halbe
Stunde früher da gewesen.“*

Hat Peter recht?

☐ Ja 　　☐ Nein

Begründung: _____

e) Ein LKW fährt regelmäßig zu einem 150 km entfernten Zielort.   3
Aufgrund einer Baustelle kann er durchschnittlich nur 50 km/h
fahren. Nach Abschluss der Baumaßnahmen kann er mit einer
Durchschnittsgeschwindigkeit von 60 km/h fahren.
Berechne, wie viel Fahrzeit er einspart.

Wahlaufgabe 2

Eine Litfaßsäule besteht aus einem Betonsockel, der Werbefläche und
einem Metalldach.
Auf der im Bild weißen Werbefläche können Plakate angebracht werden.

a) Der 0,5 m hohe Sockel wird aus Beton gegossen.   2
Berechne das Volumen des Sockels.

b) 1 m³ Beton ist 2 400 kg schwer.   2
Berechne das Gewicht des Sockels.

c) Gib an, ob der Sockel von einem Anhänger   1
mit einer Traglast von 1,9 t transportiert
werden kann.

☐ Ja   ☐ Nein

d) Ein Reisebüro möchte mit einem rechteckigen   1
Plakat werben.

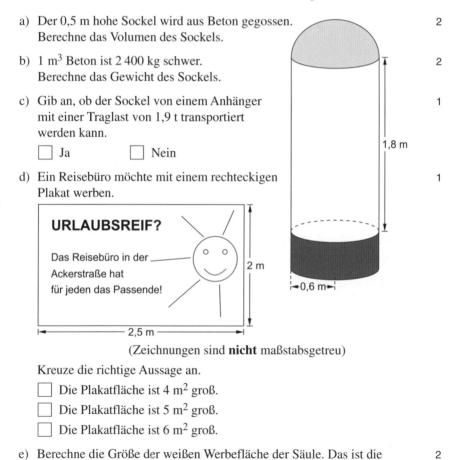

(Zeichnungen sind **nicht** maßstabsgetreu)

Kreuze die richtige Aussage an.

☐ Die Plakatfläche ist 4 m² groß.

☐ Die Plakatfläche ist 5 m² groß.

☐ Die Plakatfläche ist 6 m² groß.

e) Berechne die Größe der weißen Werbefläche der Säule. Das ist die   2
Mantelfläche eines Zylinders mit $M = 2 \cdot r \cdot \pi \cdot h$.

f) Entscheide, ob das Plakat auf die Werbefläche passt. Kreuze an und begründe.   2

Das Plakat passt auf die Werbefläche:

☐ Ja   ☐ Nein

Begründung: _____

Wahlaufgabe 3

© Fotokostic. Shutterstock

Einer der wichtigsten Wirtschaftszweige Niedersachsens ist die Landwirtschaft. Die landwirtschaftlich genutzte Fläche des Bundeslandes ist ca. 25 900 km² groß. Auf ca. 13 900 km² wird Getreide angebaut.

Anteil der verschiedenen Getreidearten an der Gesamtanbaufläche (13 900 km²) für Getreide

andere
6,2 %

Mais	Weizen	Gerste	Roggen
42,6 %	28,5 %	12,1 %	__ %

a) Bestimme den fehlenden Prozentwert für Roggen und trage ihn in das Schaubild ein.   2

b) Berechne die Größe der Anbaufläche für Mais.   2

c) Ergänze die fehlenden Werte in der Tabelle und die fehlenden Säulen im Diagramm (siehe nächste Seite).   2

Jahr	Anzahl (gerundet)
2004	300
2006	
2008	750
2010	
2012	1 500

Biogasanlagen in Niedersachsen

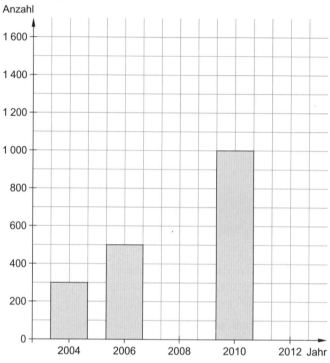

d) Sind die Aussagen wahr oder falsch? Kreuze an.

falsch   wahr   **2**

Genau ein Drittel der gesamten Anbaufläche für Getreide ist mit Mais bepflanzt.   ☐ ☐

Die Anbaufläche für Gerste ist größer als 1 000 km^2.   ☐ ☐

e) In den letzten Jahren wurden die Anbauflächen für Mais vergrößert (siehe Diagramm auf der nächsten Seite). Kritiker sprechen deshalb von einer „Vermaisung" der Landschaft.   **2**

Otto behauptet:

„Die Anbaufläche für Mais hat sich alle zwei Jahre mindestens verdoppelt."

Hat er recht? Kreuze an.

☐ Ja

☐ Nein

Begründung: _____

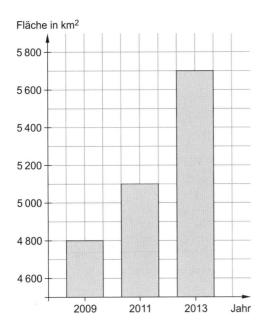

Fläche in km²

5 800

5 600

5 400

5 200

5 000

4 800

4 600

2009   2011   2013   Jahr

Wahlaufgabe 4

Beim Schulfest werden Preise mit
einem Glücksrad vergeben.
Jedes der Felder ist gleich groß.

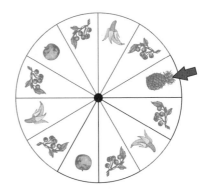

a) Ist das Ereignis sicher, möglich oder unmöglich? Kreuze an und gib   2
ein unmögliches Ereignis an.

Ereignis	sicher	möglich	unmöglich
Das Glücksrad zeigt „Kirsche" oder „Ananas".			
			✗

b) Vervollständige die Tabelle. 3

Ereignis	Wahrscheinlichkeit
Das Glücksrad zeigt „Banane".	
	$\dfrac{1}{6}$
Das Glücksrad zeigt „Apfel" oder „Banane".	

c) Das Glücksrad wird 600-mal gedreht. Wie oft zeigt das Glücksrad 2
wahrscheinlich das Bild „Ananas"?
Kreuze an.

☐ 50 ☐ 80 ☐ 150 ☐ 200

d) Hier siehst du ein zweites Glücksrad mit einer anderen Verteilung der 2
Symbole. Trage die Namen der Früchte so ein, dass die Wahrschein-
lichkeiten mit den Vorgaben aus der Tabelle übereinstimmen.
Bestimme die Wahrscheinlichkeit für „Ananas".

Ereignis	Wahrscheinlichkeit
„Banane"	25 %
„Kirsche"	$\dfrac{1}{2}$
„Apfel"	$\dfrac{1}{12}$
„Ananas"	

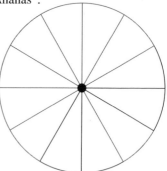

e) Beide Glücksräder werden gleichzeitig gedreht. 2

Peter behauptet:

„Die Wahrscheinlichkeit, dass beide Glücksräder das Symbol
„Banane" zeigen, beträgt $\dfrac{1}{16}$."

Hat er recht? Kreuze an.

☐ Ja ☐ Nein

Begründung: _____

_____

Beachte:
- Alle Rechenwege müssen klar und übersichtlich aufgeschrieben werden.
- Runde jedes Ergebnis auf 2 Stellen hinter dem Komma.

Punkte

Aufgabe 1

Hier siehst du die Preisliste des Parkhauses am Bahnhof in Osnabrück.

Preis für die 1. Stunde	1,50 €
jede weitere angefangene Stunde	0,80 €
Höchstparkzeit	6 Stunden
ab 18.00 Uhr	gebührenfrei
Samstag ab 14.00 Uhr	gebührenfrei
Sonntag	gebührenfrei

a) Herr Müller parkt am Mittwoch von 12.30 bis 17.00 Uhr im Parkhaus. 2
   Berechne seine Parkgebühren.

b) Frau Özil parkt am Samstag von 12.30 bis 17.00 Uhr. 2
   Berechne ihre Parkgebühren.

Aufgabe 2

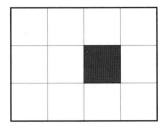

(Zeichnung ist **nicht** maßstabsgetreu)

Das schwarze Quadrat hat einen Flächeninhalt von 9 cm^2.

a) Bestimme den Flächeninhalt des dick umrandeten Rechtecks in cm^2. 1

b) Bestimme den Umfang des Rechtecks in cm. 2

c) Gib an, welcher Bruchteil des Rechtecks schwarz gefärbt ist. 1

Aufgabe 3

Der zusammengesetzte Körper besteht aus
zwei Würfeln.
Der größere Würfel soll eine Kantenlänge
von a = 7 cm haben, der kleinere eine Kantenlänge von b = 5 cm.
Berechne das Volumen des zusammengesetzten
Körpers.

4

Aufgabe 4

In einem Supermarkt wird Fruchtquark in zwei verschiedenen Becher-
größen angeboten.

a) Vervollständige die Tabelle.

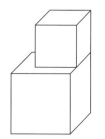

2

Bechergröße	Preis	Preis pro kg
200 g	0,69 €	
500 g		2,96 €

b) Vergleiche die Kilogramm-Preise in der Tabelle. Gib den Preisunterschied für ein Kilogramm in Euro an.

1

Aufgabe 5

In einem Gefäß sind 3 weiße, 5 graue und
2 schwarze Kugeln.

a) Eine weiße Kugel wird gezogen.
Gib die Wahrscheinlichkeit als Bruch oder als
Prozentzahl an.

1

b) Gib die Wahrscheinlichkeit dafür an, dass keine
graue Kugel gezogen wird.

1

Aufgabe 6

Lars erzielt beim Weitwurf mit dem Schlagball folgende Werte:

Wurf	1	2	3
Wurfweite in m	29	41	44

a) Berechne seine durchschnittliche Wurfweite.

2

b) Wie weit muss Peter beim dritten Wurf werfen, um eine durchschnittliche Wurfweite von 42 m zu erreichen? Berechne den Wert und trage
ihn in die Tabelle ein.

Wurf	1	2	3
Wurfweite in m	38	42	

Aufgabe 7

Eine rote und eine weiße Kerze werden zur gleichen Zeit angezündet. Die
rote Kerze ist 10 cm lang und wird in jeder Stunde 2 cm kürzer. Die weiße
Kerze ist 8 cm lang und wird pro Stunde 1 cm kürzer.

Länge in cm

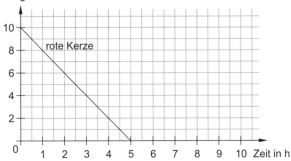

a) Gib an, nach wie vielen Stunden die rote Kerze abgebrannt ist.

Die Kerze ist nach _____ Stunden abgebrannt.

b) Vervollständige die Wertetabelle für die weiße Kerze.

Zeit in Stunden	0	1	2	4	8
Restlänge der Kerze in cm	8				

c) Zeichne den Graphen für die weiße Kerze in das Koordinatensystem.

d) Lies aus dem Koordinatensystem ab und vervollständige.

Nach _____ Stunden sind beide Kerzen gleich lang.

Ihre Länge beträgt dann _____ cm.

Aufgabe 8

Verbinde jeweils eine Aufgabe mit der passenden Aussage.   3
(Achtung: Eine Aufgabe bleibt übrig.)

a) $-50 \, € - 45 \, €$ b) $50 \, € - 45 \, €$ c) $-50 \, € + 45 \, €$ d) $45 \, € + 50 \, €$

Lilo hat 50 € und bezahlt bei ihrem Einkauf 45 €.	Lilo hat 45 € auf dem Konto und zahlt 50 € ein.	Lilo hat 50 € Schulden auf dem Konto. Sie hebt weitere 45 € ab.

Aufgabe 9

Ein Autohändler kauft einen Gebrauchtwagen für 9 000 €. Er will das Auto mit Gewinn verkaufen. Auf das Preisschild schreibt er einen um 20 % erhöhten Verkaufspreis.

a) Berechne den Verkaufspreis nach der Preiserhöhung um 20 %.   2

b) Der Autohändler merkt nach einigen Wochen, dass der Preis zu hoch ist. Er verringert seinen Verkaufspreis um 10 %. Berechne den neuen Preis. (Wenn du bei a kein Ergebnis erhalten hast, rechne mit einem Verkaufspreis von 11 000 € weiter.)   2

Verkaufspreis

_____ €

NEUER, GESENKTER PREIS:

_____ €

c) Ein anderes Auto wird für 9 000 € eingekauft und für 9 900 € weiterverkauft. Berechne den Gewinn in € und in %.   2

Einkaufspreis:	9 000 €
Verkaufspreis:	9 900 €
Gewinn:	
Gewinn in %:	

Punkte

Wahlaufgabe 1

Ein LKW fährt mit gleichmäßiger Geschwindigkeit.

Weg in Kilometern

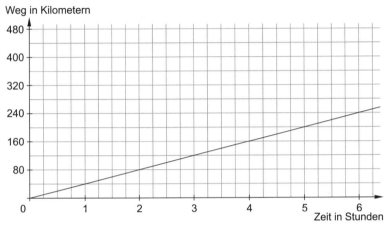

a) Lies aus dem Koordinatensystem ab, wie weit der LKW in drei   1
    Stunden gefahren ist.

b) Bestimme die Geschwindigkeit des LKW pro Stunde.   2

Herr Grün fährt mit seinem PKW in gleichbleibender Geschwindigkeit.
Nach 2 Stunden hat er 160 km zurückgelegt. Dann macht er eine Stunde
Pause. Danach fährt er in 3 Stunden weitere 240 km.

c) Zeichne den Graphen der Fahrt des Herrn Grün in das Koordinaten- 2
    system ein.

d) Herrn Grüns Wagen verbraucht 8 Liter auf 100 km. Berechne, wie   2
    viele Liter Benzin verbraucht wurden.

e) Ein Liter Benzin kostet 1,60 Euro. Berechne die Benzinkosten des 1
    Herrn Grün für die Fahrt.
    (Wenn du bei Aufgabe d kein Ergebnis errechnet hast, dann rechne mit
    einem Benzinverbrauch von 34 Litern weiter.)

f) Ein LKW fährt regelmäßig zu einem 150 km entfernten Zielort. Seine 1
    Durchschnittsgeschwindigkeit beträgt 50 km/h. Kreuze an, wie viel
    Zeit er sparen würde, wenn er mit 60 km/h fahren könnte.

    ☐ 10 min   ☐ 30 min   ☐ 50 min   ☐ 1,0 h   ☐ 2,5 h

g) An der Tankstelle befüllt der LKW-Fahrer den Tank mit Diesel. Ein   1
   Liter Diesel kostet 1,38 €. Insgesamt bezahlt der Fahrer 207,00 €.
   Berechne, wie viele Liter Diesel getankt wurden.

Wahlaufgabe 2

Eine Litfaßsäule besteht aus einem Betonsockel, der Werbefläche und
einem Metalldach.
Auf der weißen Werbefläche können Werbeplakate angebracht werden.

a) Die Säule hat einen Radius von 0,6 m.   2
   Die weiße Werbefläche ist 1,8 m hoch.
   Übertrage die Maße für den Radius und
   die Höhe der Werbefläche in die Zeichnung.

b) Ein Reisebüro möchte auf der weißen   2
   Werbefläche mit einem rechteckigen
   Plakat werben.
   Berechne die Fläche des Plakates.

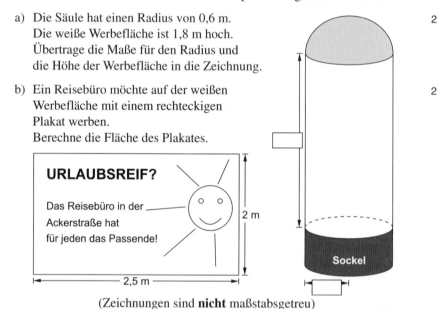

URLAUBSREIF?

Das Reisebüro in der
Ackerstraße hat
für jeden das Passende!

2 m

2,5 m

(Zeichnungen sind **nicht** maßstabsgetreu)

c) Die Werbefläche der Litfaßsäule ist 6,79 m² groß.   4
   Wahr oder falsch? Kreuze an.

	wahr	falsch
Die Plakatfläche ist kleiner als die Werbefläche.	☐	☐
Die weiße Werbefläche hat die Form eines Rechtecks.	☐	☐
Das Plakat passt auf die Werbefläche, weil die Plakat-fläche kleiner ist als die Werbefläche.	☐	☐
Das Plakat passt nicht auf die Werbefläche, weil die Höhe berücksichtigt werden muss.	☐	☐

d) Berechne das Volumen des 0,8 m hohen Sockels.   2

Wahlaufgabe 3

Einer der wichtigsten Wirtschaftszweige Niedersachsens ist die Landwirtschaft. Die landwirtschaftlich genutzte Fläche des Bundeslandes ist ca. 25 900 km² groß. Auf ca. 13 900 km² wird Getreide angebaut.

Anteil der verschiedenen Getreidearten an der Gesamtanbaufläche (13 900 km²) für Getreide

Mais 43%	Weizen 28%	Gerste 13%	Roggen ____ %	andere 6%

a) Bestimme den fehlenden Prozentwert für Roggen und trage ihn in das Diagramm ein. 2

b) Sind die Aussagen wahr oder falsch? Kreuze an. 4

	falsch	wahr
Das nach Mais am häufigsten angebaute Getreide ist Weizen.	☐	☐
Genau ein Drittel der gesamten Anbaufläche für Getreide ist mit Mais bepflanzt.	☐	☐
Auf 75 % der landwirtschaftlich genutzten Fläche Niedersachsens wird Getreide angebaut.	☐	☐
Die Fläche, auf der Gerste angebaut wird, ist größer als 1 000 km².	☐	☐

c) Berechne die Größe der Anbaufläche für Mais. 2

d) Ergänze die fehlenden Werte in der Tabelle und die fehlenden Säulen im Diagramm (siehe nächste Seite). 2

Biogasanlagen in Niedersachsen

Jahr	Anzahl (gerundet)
2004	300
2006	
2008	700
2010	
2012	1 500

Biogasanlagen in Niedersachsen

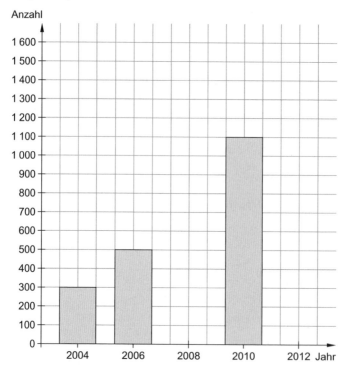

Wahlaufgabe 4

Beim Schulfest werden Preise mit einem Glücksrad vergeben.
Jedes der Felder ist gleich groß.

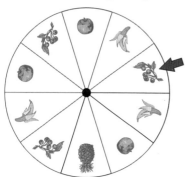

a) Ist das Ereignis sicher, möglich oder unmöglich?   2
Kreuze an und gib ein unmögliches Ereignis an.

Ereignis	sicher	möglich	unmöglich
Das Glücksrad zeigt „Kirsche" oder „Ananas".			
			✗

b) Vervollständige die Tabelle.   3

Ereignis	Wahrscheinlichkeit
Das Glücksrad zeigt „Banane".	
	$\dfrac{1}{10}$
Das Glücksrad zeigt „Apfel" oder „Banane".	

c) Das Glücksrad wird 1 000-mal gedreht. Wie oft zeigt das Glücksrad   1
wahrscheinlich das Bild „Ananas"? Kreuze an.

☐ 10   ☐ 25   ☐ 100   ☐ 200

d) Hier siehst du ein zweites Glücksrad mit einer anderen Aufteilung.   2
Trage die Namen der Früchte so ein, dass die Wahrscheinlichkeiten
mit den Vorgaben aus der Tabelle übereinstimmen.
Bestimme die Wahrscheinlichkeit für
„Ananas".

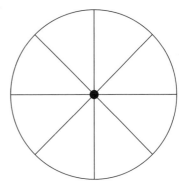

Ereignis	Wahrscheinlichkeit
„Banane"	$\dfrac{1}{4}$
„Kirsche"	50 %
„Apfel"	$\dfrac{1}{8}$
„Ananas"	

„Grau gewinnt!"

Bei jeweils einem der Zufallsgeräte I und II ist die Gewinn-Wahrscheinlichkeit für „grau" am höchsten.

Kreuze es an.

I

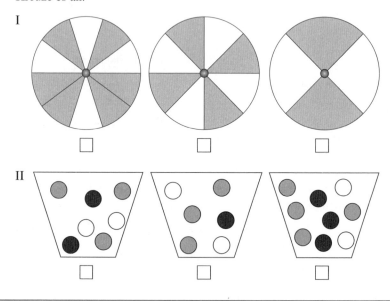

II

Lösungen

E-Kurs und G-Kurs – Allgemeiner Teil

1. a) ✔ **Hinweis:** Notiere die Zahlen untereinander. Achte darauf, dass Komma
   ✔ unter Komma steht. Wenn du bei der ersten Zahl eine 0 ergänzt, wird
   ✔ die Aufgabe übersichtlicher.

   $$\begin{array}{r} 70,40 \\ +\ 4,35 \\ \hline \mathbf{74,75} \end{array}$$

   b) ✔ **Hinweis:** Verschiebe das Komma um 2 Stellen nach links.

   $735,75 : 100 = \mathbf{7,3575}$

   ✔ **Hinweis:** Zur Kontrolle kannst du eine Überschlagsrechnung machen:
   ✔ $700 : 100 = 7$

   c) ✔ **Hinweis:** Die beiden Faktoren haben zusammen 2 Dezimalstellen, also
   ✔ muss auch das Ergebnis 2 Stellen hinter dem Komma haben.

   $0,4 \cdot 0,2 = \mathbf{0,08}$

   d) ✔ **Hinweis:** Die Zahl, die subtrahiert wird, ist größer. Also ist das Ergeb-
   ✔ nis negativ.

   $5 - 5,5 = \mathbf{-0,5}$

2. ✔ **Hinweis:** Die negativen Zahlen liegen links von der 0.
   ✔ Jeder Teilstrich bedeutet $\frac{1}{10} = 0,1$.
   ✔ $\frac{1}{2} = 0,5; \quad -\frac{4}{5} = -0,8$

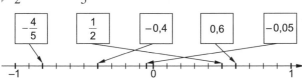

3. a) ✔ **Hinweis:** Vergleiche nacheinander die Zehntel-, Hundertstel- und
   ✔ Tausendstelstelle. Wenn keine Ziffer mehr steht, denke dir eine 0.

   ☐ 0,45   ☐ 0,54   ☐ 0,045

   ☒ 0,545   ☐ 0,455   ☐ 0,405

b) ☐ 0,45 ☐ 0,54 ☒ 0,045
☐ 0,054 ☐ 0,0455 ☐ 0,405

4. a) ✎ **Hinweis:** $90 - 15 = 75$

$90 - 15$ $\boxed{>}$ 65

b) ✎ **Hinweis:** $4 \cdot 9 = 36; \quad 216 : 6 = 36$

$4 \cdot 9$ $\boxed{=}$ $216 : 6$

c) ✎ **Hinweis:** $\dfrac{1}{2} + \dfrac{1}{4} = \dfrac{2}{4} + \dfrac{1}{4} = \dfrac{3}{4} = \dfrac{9}{12}; \quad \dfrac{2}{3} = \dfrac{8}{12}$

$\dfrac{1}{2} + \dfrac{1}{4}$ $\boxed{>}$ $\dfrac{2}{3}$

5. a) $(5 + 6) \cdot 3 = 33$

✎ **Hinweis:** $(5 + 6) \cdot 3 = 33$
$11 \cdot 3 = 33$

b) $2 \cdot (5 + 7) - 3 = 21$

✎ **Hinweis:** $2 \cdot (5 + 7) - 3 = 21$
$2 \cdot 12 - 3 = 21$
$24 - 3 = 21$

6. a) ✎ **Hinweis:** Zeichne sauber und sorgfältig. Achte auf den rechten Winkel bei der Zeichnung der Senkrechten.

b) ✎ **Hinweis:** Für die Parallele kannst du die Hilfslinien auf dem Geodreieck nutzen oder du zeichnest durch Q eine Senkrechte zu e.

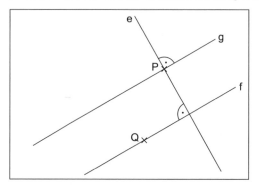

c) ✒ **Hinweis:** Der Abstand ist die kürzeste Entfernung zwischen g und f.

1,4 cm

7. a) ✒ **Hinweis:** 1 ℓ = 1 000 $m\ell$

50 ℓ = **50 000** $m\ell$

b) ✒ **Hinweis:** 1 000 g = 1 kg

750 g = **0,750** kg

c) ✒ **Hinweis:** 1 m = 100 cm

35 m = **3 500** cm

d) ✒ **Hinweis:** 1 min = 60 sec; 8 min = 480 sec; 0,5 min = 30 sec

8,5 min = **510** sec

8. a) ✒ **Hinweis:** 25 % = $\frac{1}{4}$ von 20 Flächen sind 5 Flächen. Welche 5 Flächen
✒ du einfärbst, ist egal.

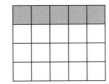

b) ✒ **Hinweis:** $\frac{1}{3}$ von 9 Flächen sind 3 Flächen.

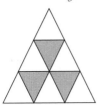

c) ✒ **Hinweis:** $\frac{2}{16}$ = $\frac{1}{8}$: 1 Teil von 8 Teilen muss eingefärbt werden.

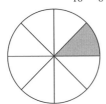

9. **Hinweis:** Versuche, das Netz in Gedanken zu einem Würfel zu formen. Jetzt überlege, welche Flächen einander gegenüberliegen. Gegenüberliegende Flächen liegen beim Würfelnetz niemals nebeneinander. Beachte, dass jede Zahl nur einmal vorkommt.

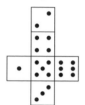 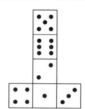 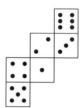

10. a) **Hinweis:** Die Winkelsumme im Dreieck beträgt 180°.

$\delta = 180° - 62° - 102°$
$\delta = \mathbf{16°}$

Hinweis: Du kannst auch rechnen: $62° + 57° + (45° + \delta) = 180°$

b) **Hinweis:** Ein gestreckter Winkel (eine Gerade) misst 180°.

$\beta = 180° - 81°$
$\beta = \mathbf{99°}$

E-Kurs – Pflichtteil

1. a) **Hinweis:** Von 12.30 Uhr bis 13.30 Uhr beträgt der Preis 1,50 €. Von 13.30 Uhr bis 17.00 Uhr müssen 3,20 € für 4 angefangene Stunden bezahlt werden.

$1,50 € + 4 \cdot 0,80 € = \mathbf{4,70\ €}$

Die Parkgebühren für Herrn Müller betragen 4,70 €.

b) **Hinweis:** Beachte: Ab 14.00 Uhr ist das Parken gebührenfrei.

$1,50 € + 0,80 € = \mathbf{2,30\ €}$

Frau Özil muss 2,30 € an Parkgebühren bezahlen.

2. a) **Hinweis:** Das schwarze Quadrat besteht aus 4 kleinen Quadraten. Das Rechteck besteht aus 40 kleinen Quadraten.

$A = 10 \cdot 16\ \text{cm}^2$
$A = \mathbf{160\ cm^2}$

Der Flächeninhalt des Rechtecks beträgt 160 cm².

b) ✏ **Hinweis:** Die Seitenlänge des schwarzen Quadrates beträgt 4 cm, da der Flächeninhalt 16 cm² groß ist. Die Seitenlänge eines kleinen Quadrates beträgt also 2 cm.

$u = 2 \cdot 16 \text{ cm} + 2 \cdot 10 \text{ cm}$
$u = \textbf{52 cm}$

Der Umfang des Rechtecks beträgt 52 cm.

c) ✏ **Hinweis:** 4 von 40 kleinen Quadraten sind $\frac{4}{40} = \frac{1}{10} = 10\,\%$.

10 % des Rechtecks sind schwarz gefärbt.

3. ✏ **Hinweis:** $V = a \cdot a \cdot a$
✏ Berechne nacheinander das Volumen des großen und das Volumen des kleinen Würfels. Achte auf die Bezeichnungen.

$V_1 = 7 \text{ cm} \cdot 7 \text{ cm} \cdot 7 \text{ cm}$
$V_1 = 343 \text{ cm}^3$

$V_2 = 3 \text{ cm} \cdot 3 \text{ cm} \cdot 3 \text{ cm}$
$V_2 = 27 \text{ cm}^3$

$V_{ges} = 343 \text{ cm}^3 - 27 \text{ cm}^3$
$V_{ges} = \textbf{316 cm}^3$

Das Volumen des übrig bleibenden Körpers beträgt 316 cm³.

✏ **Hinweis:** Du kannst auch in einem Schritt rechnen: $V = (7 \text{ cm})^3 - (3 \text{ cm})^3$

4. a) ✏ **Hinweis:** Es handelt sich um eine proportionale Zuordnung.
✏ 1 kg = 1 000 g

Bechergröße	Preis	Preis pro kg
200 g	**0,69 €**	3,45 €
500 g	1,99 €	**3,98 €**

✏ **Hinweis:** 3,45 € : 5 = 0,69 €
✏ 1,99 € · 2 = 3,98 €

b) ✏ **Hinweis:** 3,98 € − 3,45 € = 0,53 €
Der Preisunterschied beträgt **53 Cent**.

5. ✒ **Hinweis:** Rechne mit dem Satz des Pythagoras: $a^2 + b^2 = c^2$
    ✒ Du musst die Hypotenuse bestimmen.

$c^2 = (7 \text{ km})^2 + (5 \text{ km})^2$

$c^2 = 49 \text{ km}^2 + 25 \text{ km}^2$

$c^2 = 74 \text{ km}^2$

$c \approx \mathbf{8{,}60 \text{ km}}$

Die Länge des Weges beträgt 8,60 km.

6. a) ✒ **Hinweis:** Du kannst das Ergebnis im Koordinatensystem ablesen.

Die rote Kerze ist nach **5** Stunden abgebrannt.

b) ✒ **Hinweis:** Die Kerze wird pro Stunde 1 cm kürzer. Nach einer Stunde ist
    ✒ sie also nur noch 7 cm lang.

Zeit in Stunden	0	1	2	4	8
Restlänge der Kerze in cm	8	7	6	4	0

c) ✒ **Hinweis:** Du kannst alle Punkte aus der Wertetabelle in das Koordi-
    ✒ natensystem übertragen. Es reicht aber auch, wenn du 2 bis 3 Punkte
    ✒ überträgst und diese verbindest.

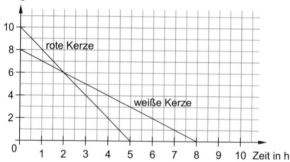

d) ✒ **Hinweis:** Die beiden Graphen schneiden sich in einem Punkt.
    ✒ Aus diesem Schnittpunkt kannst du Länge und Zeit ablesen.

Nach **2** Stunden sind beide Kerzen gleich lang. Ihre Länge beträgt dann
6 cm.

7. a) ✐ **Hinweis:** Die Summe aller Werte dividiert durch ihre Anzahl ergibt den
        ✐ Durchschnitt.

   29 m + 41 m + 44 m + 50 m + 41 m = 205 m
   205 m : 5 = **41 m**

   Die durchschnittliche Wurfweite beträgt 41 m.

   b) ✐ **Hinweis:** Wenn die durchschnittliche Wurfweite 43 m sein soll, müssen
       ✐ alle 6 Würfe zusammen 258 m betragen. In den ersten 5 Würfen hat
       ✐ Lars bereits eine Summe von 205 m erreicht.

   43 m · 6 = 258 m
   258 m − 205 m = **53 m**

   Lars muss 53 m weit werfen.

8. a) ✐ **Hinweis:** $P = G \cdot \dfrac{p}{100}$

   $P = 9\,000 \text{ €} \cdot \dfrac{20}{100}$
   $P = 1\,800 \text{ €}$
   9 000 € + 1 800 € = 10 800 €

   Verkaufspreis: **10 800 €**

   ✐ **Hinweis:** Da der Verkaufspreis 120 % des Einkaufspreises beträgt,
   ✐ kannst du auch rechnen: $P = 9\,000 \text{ €} \cdot \frac{120}{100}$

   b) 10 % von 10 800 € sind 1 080 €.
       10 800 € − 1 080 € = 9 720 €

   neuer, gesenkter Preis: **9 720 €**

   ✐ **Hinweis:** Der neue Preis beträgt nur noch 90 % des alten Preises.
   ✐ Du kannst auch rechnen: $P = 10\,800 \text{ €} \cdot \frac{90}{100}$

   c) ☐ Ja   ☒ Nein

   Begründung: 10 % von 9 000 € sind 900 €. Das Auto müsste für einen
   Gewinn von 10 % also 9 900 € kosten.

   ✐ **Hinweis:** Die 10 % Ermäßigung des Händlers beziehen sich nicht auf
   ✐ den Ausgangswert, sondern auf den bereits erhöhten Wert (10 800 €).
   ✐ Der Grundwert ist bei den beiden Rechnungen also unterschiedlich.

9. a) **Hinweis:** Insgesamt befinden sich 20 Kugeln im Gefäß.
8 von 20 Kugeln sind schwarz.

Die Wahrscheinlichkeit beträgt: $\frac{8}{20} = \frac{2}{5} = 40\%$

b) **Hinweis:** 2 von 20 Kugeln sind weiß, d. h., 18 von 20 Kugeln sind nicht weiß.

Die Wahrscheinlichkeit, dass keine weiße Kugel gezogen wird, beträgt:
$\frac{18}{20} = \frac{9}{10} = 90\%$

E-Kurs – Wahlaufgaben

1. a) **Hinweis:** Jedes Kästchen auf der Achse für den Weg entspricht einer Strecke von 40 km. Von der 2. bis zur 3. Stunde hat Herr Weiß eine Pause gemacht, er hat sich also nicht fortbewegt. Insgesamt ist Herr Weiß eine Strecke von 360 km gefahren.

Weg in Kilometern

Zeit in Stunden

b) **Hinweis:** Es handelt sich um eine proportionale Zuordnung.

$$\cdot 3{,}6 \left(\begin{array}{l} 100 \text{ km} \rightarrow 8\,\ell \\ 360 \text{ km} \rightarrow \mathbf{28{,}8\,\ell} \end{array} \right) \cdot 3{,}6$$

Es wurden 28,8 ℓ Benzin verbraucht.

Hinweis: Du kannst auch rechnen: $360 \text{ km} : 100 \cdot 8\,\frac{\ell}{\text{km}} = 28{,}8\,\ell$

c) $28,8\,\ell \cdot 1,68\,\dfrac{\text{€}}{\ell} \approx \mathbf{48,38\ €}$

Die Benzinkosten betragen 48,38 €.

d) ✐ **Hinweis:** $v = \dfrac{s}{t}$

☒ Ja   ☐ Nein

Begründung: Die Gesamtstrecke über die Autobahn beträgt 410 km.
Wenn Herr Weiß für die Fahrt anstatt 5 Stunden nur 4,5 Stunden brauchen
soll, müsste er mit einer Durchschnittsgeschwindigkeit von ca. $91\,\frac{\text{km}}{\text{h}}$
fahren. Das ist auf der Autobahn möglich.

✐ **Hinweis:** Bei einer Durchschnittsgeschwindigkeit von $100\,\frac{\text{km}}{\text{h}}$ würde
✐ Herr Weiß für die Strecke von 410 km weniger als 4,5 Stunden be-
✐ nötigen.
✐ Überlege dir weitere Begründungen. Findest du auch Begründungen
✐ dafür, dass Peter nicht recht hat?

e) ✐ **Hinweis:** $t = \dfrac{s}{v}$

$150\ \text{km} : 50\,\dfrac{\text{km}}{\text{h}} = 3\ \text{h}$

$150\ \text{km} : 60\,\dfrac{\text{km}}{\text{h}} = 2,5\ \text{h}$

$3\ \text{h} - 2,5\ \text{h} = \mathbf{0,5\ h}$

Der LKW spart 0,5 Stunden.

2. a) ✐ **Hinweis:** Es handelt sich um einen Zylinder: $V = \pi \cdot r^2 \cdot h_k$
✐ Entnimm der Zeichnung die Länge für den Radius.

$V = \pi \cdot (0,6\ \text{m})^2 \cdot 0,5\ \text{m}$
$V = \pi \cdot 0,36\ \text{m}^2 \cdot 0,5\ \text{m}$
$V \approx \mathbf{0,57\ m^3}$

Das Volumen des Sockels beträgt 0,57 m³.

b) $m = 0,57\ \text{m}^3 \cdot 2\,400\,\dfrac{\text{kg}}{\text{m}^3} = \mathbf{1\,368\ kg}$

Der Sockel hat ein Gewicht von 1 368 kg.

c) **Hinweis:** $1\ t = 1\ 000\ kg \Rightarrow 1,9\ t = 1\ 900\ kg$

   ☒ Ja   ☐ Nein

d) ☐ Die Plakatfläche ist 4 m² groß.

   ☒ Die Plakatfläche ist 5 m² groß.

   ☐ Die Plakatfläche ist 6 m² groß.

   Hinweis: $A = a \cdot b$
   $$A = 2,5\ m \cdot 2\ m$$
   $$A = 5\ m^2$$

e) **Hinweis:** $M = 2 \cdot r \cdot \pi \cdot h_K$

   $M = 2 \cdot 0,6\ m \cdot \pi \cdot 1,8\ m$

   $M \approx \mathbf{6,79\ m^2}$

f) **Hinweis:** Der Sockel gehört nicht zur Werbefläche. Es reicht nicht, wenn du dir nur die Größen der beiden Flächen ansiehst.

   ☐ Ja   ☒ Nein

   Begründung: Das Plakat ist 2 m hoch, die Werbefläche ist jedoch nur 1,8 m hoch.

3. a) **Hinweis:** $100\ \% - 42,6\ \% - 28,5\ \% - 12,1\ \% - 6,2\ \% = 10,6\ \%$

Anteil der verschiedenen Getreidearten an der Gesamtanbaufläche (13 900 km²) für Getreide

Mais 42,6 %	Weizen 28,5 %	Gerste 12,1 %	Roggen **10,6 %**	andere 6,2 %

b) **Hinweis:** $P = G \cdot \dfrac{p}{100}$

$$P = 13\ 900\ km^2 \cdot \frac{42,6}{100}$$

$$P = \mathbf{5\ 921,4\ km^2}$$

Die Größe der Anbaufläche beträgt 5 921,4 km².

c) **Hinweis:** Jedes Kästchen auf der Achse für die Anzahl entspricht der
Zahl 100. Die Säule für das Jahr 2006 reicht bis zur Zahl 500. Für das
Jahr 2008 muss die Säule bis zur Zahl 750 gehen. 750 liegt in der Mitte
von 700 und 800.

Jahr	Anzahl (gerundet)
2004	300
2006	500
2008	750
2010	1 000
2012	1 500

Biogasanlagen in Niedersachsen

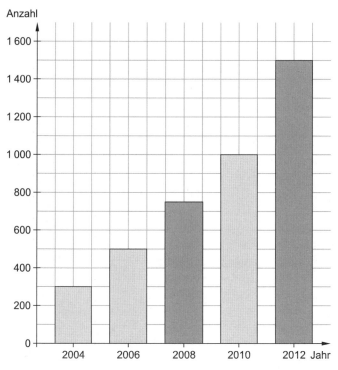

d) **Hinweis:** $\dfrac{1}{3} \approx 33,3\,\%$ falsch   wahr

Genau ein Drittel der gesamten Anbaufläche für   ☒   ☐
Getreide ist mit Mais bepflanzt.

Hinweis: $13\,900\ \text{km}^2 \cdot \dfrac{12,1}{100} = 1\,681,9\ \text{km}^2$

Die Anbaufläche für Gerste ist größer als $1\,000\ \text{km}^2$.   ☐   ☒

e) ☐ Ja   ☒ Nein

Begründung: Das Doppelte von $4\,800\ \text{km}^2$ (im Jahr 2009) wären
$9\,600\ \text{km}^2$, die Fläche im Jahr 2011 beträgt jedoch $5\,100\ \text{km}^2$.

Hinweis: Die Höhe der Säulen verdoppelt sich immer. Da die Säulen
jedoch nicht bei 0 beginnen, verdoppelt sich nicht der Wert, den die
Säulen angeben.

4. a)

Ereignis	sicher	möglich	unmöglich
Das Glücksrad zeigt „Kirsche" oder „Ananas".		✗	
Das Glücksrad zeigt „Birne".			✗

Hinweis: Überlege dir weitere „unmögliche" Ereignisse.

b) **Hinweis:** In 3 von 12 Feldern sind Bananen. In 2 von 12 Feldern ist ein
Apfel. In 5 von 12 Feldern ist ein Apfel oder eine Banane.

Ereignis	Wahrscheinlichkeit
Das Glücksrad zeigt „Banane".	$\dfrac{3}{12} = \dfrac{1}{4}$
Das Glücksrad zeigt **„Apfel"**.	$\dfrac{1}{6}$
Das Glücksrad zeigt „Apfel" oder „Banane".	$\dfrac{5}{12}$

c) ☒ 50   ☐ 80   ☐ 150   ☐ 200

Hinweis: $\dfrac{1}{12} \cdot 600 = 50$

d) ✒ **Hinweis:** 25 % = $\frac{1}{4}$; $\frac{1}{4}$ von 12 Feldern sind 3 Felder.
Die Hälfte von 12 Feldern sind 6 Felder. $\frac{1}{12}$ von 12 Feldern ist 1 Feld.
Es sind noch 2 von 12 Feldern für die Ananas frei.

Ereignis	Wahrscheinlichkeit
„Banane"	25 %
„Kirsche"	$\frac{1}{2}$
„Apfel"	$\frac{1}{12}$
„Ananas"	$\frac{2}{12} = \frac{1}{6}$

✒ **Hinweis:** Es ist egal, wie du die Sorten anordnest, wichtig ist die richtige Anzahl.

e) ✒ **Hinweis:** Du musst die Pfadregel anwenden.

☒ Ja   ☐ Nein

Begründung: Bei Glücksrad 1 und bei Glücksrad 2 beträgt die Wahrscheinlichkeit für „Banane" $\frac{1}{4}$.

$$\frac{1}{4} \cdot \frac{1}{4} = \frac{1}{16}$$

1. a) ✔ **Hinweis:** Von 12.30 Uhr bis 13.30 Uhr beträgt der Preis 1,50 €.
   ✔ Von 13.30 Uhr bis 17.00 Uhr muss Herr Müller für 4 angefangene
   ✔ Stunden bezahlen.

   $1,50 € + 4 \cdot 0,80 € = \mathbf{4,70\ €}$

   Die Parkgebühren für Herrn Müller betragen 4,70 €.

   b) ✔ **Hinweis:** Beachte: Ab 14.00 Uhr ist das Parken gebührenfrei.

   $1,50 € + 0,80 € = \mathbf{2,30\ €}$

   Die Parkgebühren für Frau Özil betragen 2,30 €.

2. a) ✔ **Hinweis:** Das Rechteck besteht aus 12 Quadraten.

   $A = 12 \cdot 9 \text{ cm}^2$
   $A = \mathbf{108 \text{ cm}^2}$

   Der Flächeninhalt beträgt 108 cm².

   b) ✔ **Hinweis:** Die Seitenlänge des Quadrates beträgt 3 cm, da der Flächen-
   ✔ inhalt 9 cm² groß ist. Eine Seite des Rechtecks ist also 12 cm lang, die
   ✔ andere Seite ist 9 cm lang.

   $u = 2 \cdot 12 \text{ cm} + 2 \cdot 9 \text{ cm}$
   $u = \mathbf{42 \text{ cm}}$

   Der Umfang des Rechtecks beträgt 42 cm.

   c) ✔ **Hinweis:** Das Rechteck besteht aus 12 Quadraten. Ein Quadrat von
   ✔ 12 Quadraten ist schwarz gefärbt.

   $\frac{1}{12}$ des Rechtecks ist schwarz gefärbt.

3. ✔ **Hinweis:** $V = a \cdot a \cdot a$
   ✔ Berechne nacheinander das Volumen des großen Würfels und das Volumen
   ✔ des kleinen Würfels.

   $V_1 = 7 \text{ cm} \cdot 7 \text{ cm} \cdot 7 \text{ cm}$
   $V_1 = 343 \text{ cm}^3$
   $V_2 = 5 \text{ cm} \cdot 5 \text{ cm} \cdot 5 \text{ cm}$
   $V_2 = 125 \text{ cm}^3$

Hinweis: Addiere dann beide Ergebnisse.

$V_{ges} = 343\ cm^3 + 125\ cm^3$

$V_{ges} = \textbf{468 cm}^3$

Das gesamte Volumen beträgt 468 cm³.

4. a) **Hinweis:** Es handelt sich um eine proportionale Zuordnung.

   1 kg = 1 000 g

Bechergröße	Preis	Preis pro kg
200 g	0,69 €	**3,45 €**
500 g	**1,48 €**	2,96 €

Hinweis: 5 · 0,69 € = 3,45 €

2,96 € : 2 = 1,48 €

b) **Hinweis:** 3,45 € – 2,96 € = 0,49 €

Der Preisunterschied beträgt **0,49 €**.

5. a) **Hinweis:** 3 von 10 Kugeln sind weiß.

Die Wahrscheinlichkeit beträgt: $\frac{3}{10} = \textbf{30 \%}$

b) **Hinweis:** 5 von 10 Kugeln sind nicht grau, d. h., die Hälfte der Kugeln ist nicht grau.

Die Wahrscheinlichkeit ist: $\frac{5}{10} = \frac{1}{2} = \textbf{50 \%}$

6. a) **Hinweis:** Addiere zunächst alle Wurfweiten. Da Lars 3-mal geworfen hat, musst du dann durch 3 dividieren.

29 m + 41 m + 44 m = 114 m

114 m : 3 = **38 m**

Die durchschnittliche Wurfweite beträgt 38 m.

b) **Hinweis:** Wenn die durchschnittliche Wurfweite 42 m sein soll, müssen alle 3 Würfe zusammen 126 m betragen.

3 · 42 m = 126 m

126 m – 38 m – 42 m = **46 m**

Beim dritten Wurf muss Peter 46 m weit werfen.

7. a) **Hinweis:** Du kannst das Ergebnis im Koordinatensystem ablesen.

Die Kerze ist nach **5** Stunden abgebrannt.

b) **Hinweis:** Die Kerze wird pro Stunde 1 cm kürzer.
Nach einer Stunde ist sie also nur noch 7 cm lang.

Zeit in Stunden	0	1	2	4	8
Restlänge der Kerze in cm	8	7	6	4	0

c) **Hinweis:** Du kannst alle Punkte aus der Wertetabelle in das Koordinatensystem übertragen. Es reicht aber auch, wenn du 2 bis 3 Punkte überträgst und verbindest.

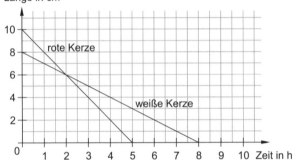

d) **Hinweis:** Die beiden Graphen schneiden sich in einem Punkt.
Aus diesem Schnittpunkt kannst du Länge und Zeit ablesen.

Nach **2** Stunden sind beide Kerzen gleich lang. Ihre Länge beträgt dann **6** cm.

8. a) $-50 \,€ - 45 \,€$ b) $50 \,€ - 45 \,€$ c) $-50 \,€ + 45 \,€$ d) $45 \,€ + 50 \,€$

Lilo hat 50 € und bezahlt bei ihrem Einkauf 45 €.	Lilo hat 45 € auf dem Konto und zahlt 50 € ein.	Lilo hat 50 € Schulden auf dem Konto. Sie hebt weitere 45 € ab.

Hinweis: Für Aufgabe c könnte der Text lauten: „Lilo hat 50 € Schulden auf dem Konto. Sie zahlt 45 € auf das Konto ein."
Überlege dir eigene Aussagen zu den Aufgaben.

9. a) **Hinweis:** $P = G \cdot \dfrac{p}{100}$

$P = 9\,000 \,€ \cdot \dfrac{20}{100}$

$P = 1\,800 \,€$

Hinweis: Vergiss nicht, die Preiserhöhung zu den Kosten für den Gebrauchtwagen zu addieren.

$9\,000\,€ + 1\,800\,€ = 10\,800\,€$

Verkaufspreis: **10 800 €**

b) **Hinweis:** Als Grundwert musst du den zuvor berechneten Verkaufspreis verwenden.

$P = 10\,800\,€ \cdot \dfrac{10}{100}$

$P = 1\,080\,€$

$10\,800\,€ - 1\,080\,€ = 9\,720\,€$

neuer, gesenkter Preis: **9 720 €**

c) **Hinweis:** $9\,900\,€ - 9\,000\,€ = 900\,€$
Der Gewinn beträgt $\frac{1}{10}$ vom Einkaufspreis, denn 900 € sind $\frac{1}{10}$ von $9\,000\,€$.

Einkaufspreis:	9 000 €
Verkaufspreis:	9 900 €
Gewinn:	**900 €**
Gewinn in %:	**10 %**

G-Kurs – Wahlaufgaben

1. a) **Hinweis:** Bei der Achse für den Weg entspricht jedes Kästchen einer Strecke von 40 km.

In 3 Stunden ist der LKW **120 km** weit gefahren.

b) **Hinweis:** Da der LKW mit gleichmäßiger Geschwindigkeit fährt, handelt es sich um eine proportionale Zuordnung.

$$: 3 \left(\begin{array}{l} 3\,\text{Stunden} \rightarrow 120\,\text{km} \\ 1\,\text{Stunde} \rightarrow \ \ 40\,\text{km} \end{array} \right) : 3$$

Die Geschwindigkeit beträgt **40 $\frac{\text{km}}{\text{h}}$**.

Hinweis: Du kannst auch aus dem Diagramm ablesen, wie weit der LKW in einer Stunde fährt.

c) ✎ **Hinweis:** Da Herr Grün von der 2. bis zur 3. Stunde eine Pause macht, ist seine Wegstrecke nach 3 Stunden immer noch bei 160 km. Nach 6 Stunden hat Herr Grün eine gesamte Strecke von 400 km zurückgelegt.

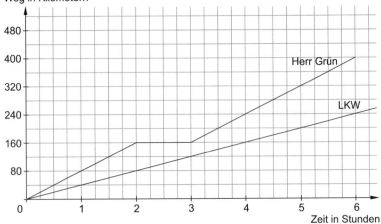

Weg in Kilometern

d) ✎ **Hinweis:** Es handelt sich um eine proportionale Zuordnung.

$$\cdot 4 \left(\begin{array}{ccc} 100\,\text{km} & \to & 8\,\ell \\ 400\,\text{km} & \to & \mathbf{32\,\ell} \end{array} \right) \cdot 4$$

Es wurden 32 ℓ Benzin verbraucht.

e)

$$\cdot 32 \left(\begin{array}{ccc} 1\,\ell & \to & 1,60\,\text{€} \\ 32\,\ell & \to & \mathbf{51,20\,\text{€}} \end{array} \right) \cdot 32$$

Die Benzinkosten betragen 51,20 €.

✎ **Hinweis:** Du kannst auch rechnen: $32\,\ell \cdot 1,60\,\frac{€}{\ell} = 51,20\,$€

f) ✎ **Hinweis:** Rechne: $150\,\text{km} : 50\,\frac{\text{km}}{\text{h}} = 3\,\text{h}$; $150\,\text{km} : 60\,\frac{\text{km}}{\text{h}} = 2,5\,\text{h}$

☐ 10 min

☒ 30 min

☐ 50 min

☐ 1,0 h

☐ 2,5 h

g) $207,00 \, \text{€} : 1,38 \, \dfrac{\text{€}}{\ell} = \mathbf{150 \, \ell}$

Es wurden 150 ℓ Diesel getankt.

✐ **Hinweis:** Mach die Probe:

$$\cdot 150 \left(\begin{array}{rcl} 1 \, \ell & \to & 1,38 \, \text{€} \\ 150 \, \ell & \to & 207,00 \, \text{€} \end{array} \right) \cdot 150$$

2. a) ✐ **Hinweis:** Du musst nur die beiden Werte in die Kästchen übertragen.
   ✐ Vergiss die Bezeichnungen nicht.

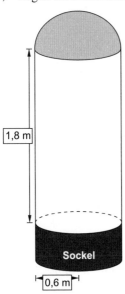

1,8 m

Sockel

0,6 m

b) ✐ **Hinweis:** $A = a \cdot b$

$A = 2,5 \, \text{m} \cdot 2 \, \text{m}$

$A = \mathbf{5 \, m^2}$

Das Plakat ist 5 m² groß.

c) ✐ **Hinweis:** 5 m² < 6,79 m²

Die Plakatfläche ist kleiner als die Werbefläche.

✐ **Hinweis:** Der Mantel der Säule ist ein Rechteck.

Die weiße Werbefläche hat die Form eines Rechtecks.

	wahr	falsch
Die Plakatfläche ist kleiner als die Werbefläche.	☒	☐
Die weiße Werbefläche hat die Form eines Rechtecks.	☒	☐

Hinweis: Das Plakat ist 2 m hoch, die Werbefläche ist nur 1,8 m hoch.

	wahr	falsch
Das Plakat passt auf die Werbefläche, weil die Plakatfläche kleiner ist als die Werbefläche.	☐	☒
Das Plakat passt nicht auf die Werbefläche, weil die Höhe berücksichtigt werden muss.	☒	☐

d) **Hinweis:** Es handelt sich um einen Zylinder: $V = \pi \cdot r^2 \cdot h_k$
Beachte die Bezeichnungen.

$V = \pi \cdot (0,6 \text{ m})^2 \cdot 0,8 \text{ m}$

$V = \pi \cdot 0,36 \text{ m}^2 \cdot 0,8 \text{ m}$

$V \approx \mathbf{0,90 \text{ m}^3}$

Der Sockel hat ein Volumen von 0,9 m³.

3. a) **Hinweis:** $100\% - 43\% - 28\% - 13\% - 6\% = 10\%$

Anteil der verschiedenen Getreidearten an der Gesamtanbaufläche (13 900 km²) für Getreide

andere
6 %

Mais 43 %	Weizen 28 %	Gerste 13 %	Roggen 10 %	

b) **Hinweis:** 28 % ist der zweitgrößte Wert.

	falsch	wahr
Das nach Mais am häufigsten angebaute Getreide ist Weizen.	☐	☒

Hinweis: Ein Drittel sind 33,3 %.

| Genau ein Drittel der gesamten Anbaufläche für Getreide ist mit Mais bepflanzt. | ☒ | ☐ |

Hinweis: 75 % von 25 900 km² = 19 425 km²

| Auf 75 % der landwirtschaftlich genutzten Fläche Niedersachsens wird Getreide angebaut. | ☒ | ☐ |

Hinweis: $13\,900 \text{ km}^2 \cdot \dfrac{13}{100} = 1\,807 \text{ km}^2$

| Die Fläche, auf der Gerste angebaut wird, ist größer als 1 000 km². | ☐ | ☒ |

c) **Hinweis:** Auf 43 % der Gesamtanbaufläche für Getreide steht Mais.

$P = G \cdot \dfrac{p}{100}$

$$13\,900 \text{ km}^2 \cdot \frac{43}{100} = 5\,977 \text{ km}^2$$

Die Größe der Anbaufläche für Mais beträgt 5 977 km².

Hinweis: Die Säule für das Jahr 2006 endet bei der Anzahl 500, die Säule für das Jahr 2010 endet bei der Anzahl 1 100. Für das Jahr 2008 musst du die Säule bis 700 und für das Jahr 2012 bis 1 500 einzeichnen.

Biogasanlagen in Niedersachsen

Jahr	Anzahl (gerundet)
2004	300
2006	500
2008	700
2010	1 100
2012	1 500

Biogasanlagen in Niedersachsen

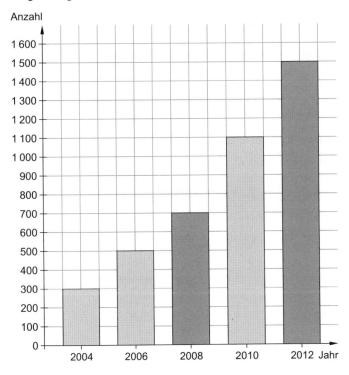

4. a)

Ereignis	sicher	möglich	unmöglich
Das Glücksrad zeigt „Kirsche" oder „Ananas".		✗	
Das Glücksrad zeigt „Birne".			✗

b) ✒ **Hinweis:** In 3 von 10 Feldern sind Bananen abgebildet. Die Ananas ist
✒ nur in einem Feld abgebildet. In 6 von 10 Feldern ist ein Apfel oder
✒ eine Banane abgebildet.

Ereignis	Wahrscheinlichkeit
Das Glücksrad zeigt „Banane".	$\dfrac{3}{10}$
Das Glücksrad zeigt **„Ananas"**.	$\dfrac{1}{10}$
Das Glücksrad zeigt „Apfel" oder „Banane".	$\dfrac{6}{10} = \dfrac{3}{5}$

c) ☐ 10   ☐ 25   ☒ 100   ☐ 200

✒ **Hinweis:** $\frac{1}{10}$ von 1 000 sind 100.

d) ✒ **Hinweis:** Das Glücksrad besteht aus 8 Feldern.
✒ $\frac{1}{4} = \frac{2}{8}$, also sind in 2 von 8 Feldern Bananen.
✒ $50\ \% = \frac{1}{2}$, also sind in 4 von 8 Feldern Kirschen.
✒ Banane, Kirsche und Apfel zusammen: $\frac{2}{8} + \frac{4}{8} + \frac{1}{8} = \frac{7}{8}$
✒ Damit ist die Wahrscheinlichkeit für „Ananas": $\frac{8}{8} - \frac{7}{8} = \frac{1}{8}$
✒ Oder: 1 von 8 Feldern ist für die Ananas übrig geblieben.

Ereignis	Wahrscheinlichkeit
„Banane"	$\dfrac{1}{4}$
„Kirsche"	50 %
„Apfel"	$\dfrac{1}{8}$
„Ananas"	$\dfrac{1}{8}$

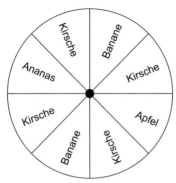

Hinweis: Auf welchen Feldern sich die Früchte befinden, ist egal.

(Kirsche, Banane, Ananas, Kirsche, Kirsche, Apfel, Banane, Kirsche)

e) **Hinweis:** Beim 1. Glücksrad sind 6 von 10 Feldern grau.
Bei den beiden anderen Glücksrädern sind nur 50 % grau.

I

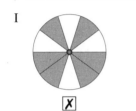 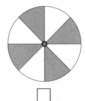 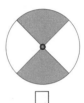

☒ ☐ ☐

Hinweis: Im mittleren Gefäß ist die Hälfte der Kugeln grau.
Im ersten und im dritten Gefäß ist weniger als die Hälfte der Kugeln
grau.

I

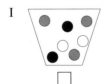

☐ ☒ ☐

Erfolgreich durch die Abschlussprüfung mit den **STARK** Reihen

Abschlussprüfung

Anhand von Original-Aufgaben die Prüfungssituation trainieren. Schülergerechte Lösungen helfen bei der Leistungskontrolle.

Training

Prüfungsrelevantes Wissen schülergerecht präsentiert. Übungsaufgaben mit Lösungen sichern den Lernerfolg.

Klassenarbeiten

Praxisnahe Übungen für eine gezielte Vorbereitung auf Klassenarbeiten.

STARK in Klassenarbeiten

Schülergerechtes Training wichtiger Themenbereiche für mehr Lernerfolg und bessere Noten.

Kompakt-Wissen

Kompakte Darstellung des prüfungsrelevanten Wissens zum schnellen Nachschlagen und Wiederholen.